JYC

學習陪伴自己每一天
練習對自己好
愛自己 沒那麼難

Inspire your life

ABOUT AUTHOR | 關於 JYC（Jack Yen Chen）

「我是那聽故事、講故事的人。
願陪伴大家，一起在不同故事中，
找出屬於自己、活出自我人生的精彩故事。」

色彩情商療癒師 JYC（Jack Yen Chen），同時具備中醫師、彩油諮詢師、香薰療癒師等專業資格，以東方的中醫理論結合西方的芳療與色彩學，**利用「色・音・香・心・覺・法」，獨創「JYC 感官體驗方程式」**，陪伴每個人直視自己的內心，為每個迷惑、疲累的心找到重新出發的力量。

Jack 老師同時也是**動物情商療癒師**，陪伴毛爸媽和毛寶貝同行，在照顧的路上，彼此有良好互動和溝通。

Jack 老師常年巡迴澳洲、中國、香港、台灣、日本等地，舉辦多場身心靈相關課程和演講，目前旅居香港。

專業經歷

◇ 澳洲 AHPRA 註冊中醫師
◇ 澳洲傳統醫學協會 ATMS 註冊香薰療癒師
◇ 英國 Aura-Soma 彩油諮詢師
◇ 澳洲國際全方位芳療學院 資格證書
◇ 澳洲自然療癒學院 巴哈花精證書
◇ 澳洲自然療癒學院 星座占星
◇ 澳洲自然療癒學院 靈氣療法
◇ 澳洲心理治療與諮商協會 PACFA 會員
◇ 澳洲塔羅協會教師級會員
◇ 靈氣能量療癒師 Reiki Master
◇「只在乎色彩生活學會」創辦人

為什麼要愛自己

在多年的療癒、諮商過程中，發現了好多生活中出現的問題，都牽動著我們的情緒，也影響著自己對親人、朋友，及職場上的關係，當然，身體健康也都有相對的影響。追溯最根本的原因，很多時候，是因為我們——不夠愛自己！不知道如何對自己好。

因為不夠愛自己，
忘記了自己的需要與界線，
在與他人互動時，
也迷失了自己的定位、價值。

為什麼想寫這本書

在聆聽很多故事／個案的過程中，我發現很多內心的訊息，因為我們沒有好好的關愛自己，去聆聽這些聲音，在身體健康上，也會反應出這些狀況，產生不舒服的現象。經常見到的腰酸背痛、疲憊不堪的症狀，也是身體發出的訊號，要我們去正視自己身上、心理需要被關愛、滿足的訊息。

用另種方法來聆聽自己

在多年的諮商、療癒過程中，我遇見了色彩，發現它可以連結回自己的內心，由簡單的色彩、文字，讓我們釋放心中的負面情緒、困惑，也為自己找到調整身心的方式。

每天簡單為自己做個檢測，關懷自己內心的感受，找出調適自己心情的方式、學會更愛自己的方法。

找到陪伴自己的方式

這本書可以幫大家找到陪伴自己的方式。當找到了解自己的方式，開始不再被情緒勒索、不再感到孤獨。當我們清楚內在的需要與界線，就不會一直從別人身上尋找需要和滿足。當我們學會愛自己，就可以開創屬於自己的人生，圓滿自己的夢想。

色彩情商療癒師 *LYC*

我們每天都會遇到各種紛擾，可能是一句說者無意、偏偏自己很在意的話，可能是一件真的會麻煩到自己的事，莫名的壓力就上身……這些大大小小的紛擾，正無聲無息地轉變成說不清、道不明的負面情緒，日積月累下來，一旦突然大爆發，傷人又傷己；又或者一直無法發作出來，「內傷」而不自知。

愛自己，
需要適時為自己的情緒排憂解難

據說我們眼睛看見的色彩，再經由每個人大腦的辨認識別、傳達認知和感覺之後，竟然高達數百萬種顏色！比如紅色，有時看起來是溫暖、熱情，有時卻「感覺」血腥、殘忍。這也是色彩心理最神奇的功能，忠實的反映當下我們眼睛看到的「感覺」。

讓色彩帶路，
探尋自我真實的心理

享受一個人的療癒時光

直覺選顏色，做自己的療癒師

作者 Jack 老師獨家設計「JYC 感官體驗方程式」，利用本書的「色彩檢測表」，只要直覺地選出一眼看中的色彩，對照指示頁面翻閱，往往會被那段大大字體、直白的心聲，重重敲擊心臟，直呼「太準啦」！由色彩心理引導出潛意識裡真正的想法、深藏的情緒，進而幫助梳理困擾自己的各種問題。

練習每天和自己多說說話

每天留給自己一些獨處時間，利用本書的「心情檢測表」，練習「一個人的療癒對話」，也是調整情緒、排解負面情緒的一種方法。

或許有人會這麼想，和自己對話有什麼好學的？

我們通常會被自己的習慣、經驗影響，遇到事情立刻表現出來的反應，是直線式的、單一的想法，就好像靠近海面的魚兒，最容易被看見，其實沉潛在心海底，還有許多其他魚兒——潛意識、真正的情緒、另一種想法，我們因為沒看見，也自然而然忘記它的存在。

這些深沉在心海底的種種，才是自己真正需要與之對話的。

樂思文化總編輯 *Doris Wang*

關於「JYC感官體驗方程式」

讓自己的感官，
打開內在溝通的幸福通道

你知道嗎？
你的感官，
可以直覺性的幫自己尋找此時的所需，
為自己選出內在的需要。

感覺寒冷、肚子餓，我們會想吃暖飽的食物。

吸引你的色彩，其實是反映當下內在的感受、需要。

「JYC 感官體驗方程式」
Just You Care 只要你在乎的，也就真實反映當下的各種情緒、感覺、心理需求。

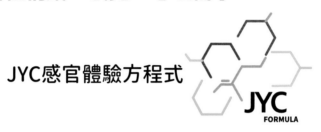

JYC感官體驗方程式

JYC
FORMULA

「JYC 感官體驗方程式」是專門設計做為輔助工具，
陪伴並幫助每個諮詢者探索自我，擺脫心理困境，
找到希望和幸福感受。

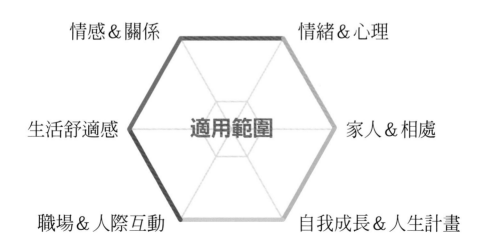

情感&關係　　　　　　情緒&心理

生活舒適感　　**適用範圍**　　家人&相處

職場&人際互動　　　自我成長&人生計畫

CONTENTS │ 目錄

身體、心靈
Body & Mind

家庭、親情
Family & Home

人際、關係
Social & Network

HOW TO USE │使用方式
THIS BOOK

Step.1

掃描 QRcode 開啟音樂，讓自己慢慢放鬆。

Step.2

闔上眼，做三個深呼吸，感覺舒服後，慢慢打開雙眼，看著「色彩檢測表」。

Step.3

方式 一

選出此時，最吸引自己的色彩組合。

翻至色彩的相對文章，開始今日心情的檢視、療癒。

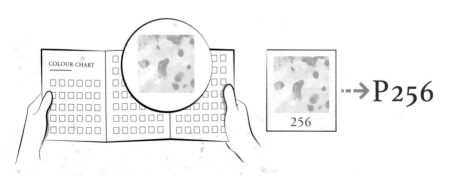

COLOUR CHART

256

→P256

Step.4

方式 二

打開「心情檢測表」，選出此時與自己最有共鳴的一段心情反應。

翻至色彩的相對文章，開始今日心情的檢視、療癒。

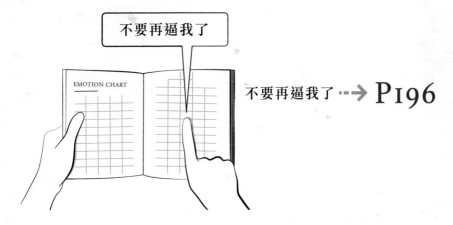

不要再逼我了

EMOTION CHART

不要再逼我了 ┈→ P196

Step.5

方式 三

隨意翻閱書本，跟著此時的感覺，看著翻動的內頁，

當有一篇色彩，特別有感覺，就停止在這頁。讓此頁的色彩、文字，開始為自己，舒放、療癒今日的感覺、心情。

It's All About Love
愛自己 沒那麼難
—— 115種關愛自己的方式。

LOVE 88

內頁閱讀、使用方式說明

❶ 現在面對的課題

Open your heart

LOVE 61 · 開啟內心

❷ 心情寫照

❼ 主題

It's All about Love 家庭 · 親情 LOVE 61

真是不懂
為什麼他老是這樣

都只是為自己…

❸ 鼓勵語

真心付出，是幫助自己打開心的關鍵。

❹ 提醒自己

關鍵字 Keywords
☑ 付出、體驗。

152

冥想 TIPS / 觀看頁面的色彩，搭配此主題的音樂

深呼吸，靜心覺察內心最真實的自己。

※ 音樂影片可設定循環播放

心靈小語

打開自己的心並不容易，但是我們可以每天做一點點。

用心感受，身邊真心為自己付出、陪伴自己的人。

很多時候，我們在關係中，都在等待對方的付出，或是做著迎合期待的事。往往也因為太多考量、擔憂，反而不太敢付出，只期待身邊的人對自己好。

嘗試打開內心，直接付出關愛、情感。當我們真正開始付出時，我們才可以開始體驗到他人的關愛、用心。

———————— ❺ JYC 老師想對你說…

給自己的小練習

勇敢地打開自己的心，要跟身旁的人，真心相處、相愛。

我有用心去感受身邊的人嗎？
我讓自己去付出了嗎？

———————— ❻ 每天練習愛自己多一點

153

17

COLOUR CHART

色彩檢測表

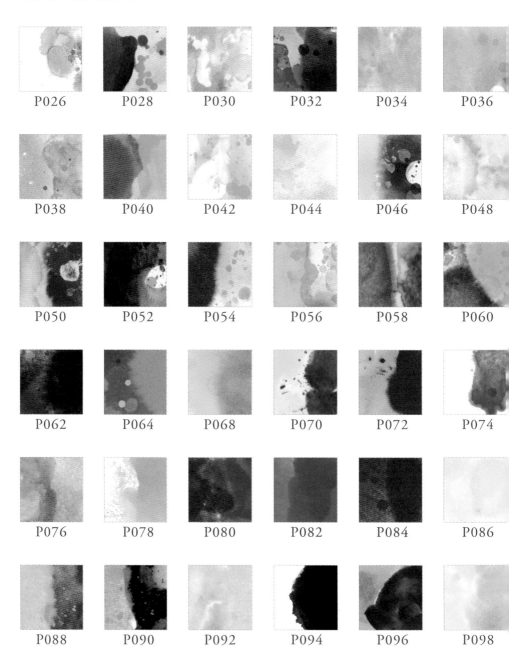

P026 P028 P030 P032 P034 P036

P038 P040 P042 P044 P046 P048

P050 P052 P054 P056 P058 P060

P062 P064 P068 P070 P072 P074

P076 P078 P080 P082 P084 P086

P088 P090 P092 P094 P096 P098

P100 P102 P104 P106 P108 P110 P190 P192 P194 P196 P198 P200

P112 P114 P116 P120 P122 P124 P202 P206 P208 P210 P212 P214

P126 P128 P130 P132 P134 P136 P216 P218 P220 P222 P224 P226

P138 P140 P142 P144 P148 P150 P228 P230 P232 P236 P238 P240

P152 P154 P156 P158 P160 P162 P242 P244 P246 P248 P250 P252

P164 P166 P168 P172 P174 P176 P254 P256 P258 P260 P262 P264

P178 P180 P182 P184 P186 P188 P266

EMOTION CHART

心情檢測表

	96 不想再這麼孤獨了	98 生活一點都不開心		
100 日子太苦悶了	102 覺得好無奈		104 每天都壓力好大	106 怎麼老是有突發狀況
108 生活都是一成不變		110 不要再這麼辛苦了		112 可以不要再勉強了嗎
	114 我也想要成功	116 覺得好沒自信	120 忙到都沒動力了	
122 心事都不知道找誰說		124 老是睡不好	126 都沒人關心我	128 感覺生活中一點溫暖都沒有
130 撐不住了	132 這一切都太累人了	134 不想每天都忙得這麼累		136 我受不了了
	138 傷痛依舊在		140 我想要放鬆	142 不想再這麼困惑了
144 壓力實在太大了	148 我不想再壓抑了		150 不想再受別人影響了	
	152 他們怎麼都只是為自己	154 為什麼老是做不好	156 我想要幸福	
158 很害怕依賴	160 生活太煩亂了		162 不想再等人來認同自己了	164 心好難受
	166 我想要有存在感	168 努力都沒什麼用	172 我不想那麼委屈了	
174 大家的意見太多了	176 不想再照別人的方式做了	178 到底怎麼樣才能一起相處	180 我需要被尊重	

21

給自己記錄選色、選心情

我的關愛檢測紀錄

LOVE & RELATIONSHIP

愛情·感情

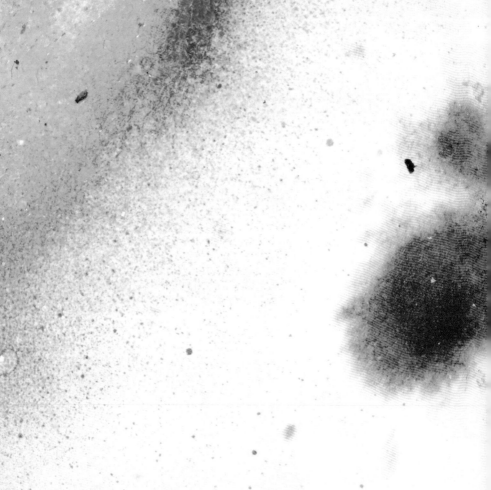

愛自己 沒那麼難，
因為懂得愛自己，我們可以幫自己找到適合的愛情。

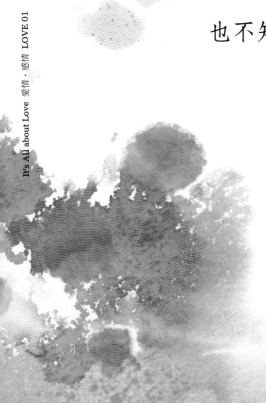

Simplicity

LOVE 01 · 簡單純真

到底怎麼樣是愛
都不清楚

也不知道如何感受得到⋯

讓心回到最單純的
時候，我們就準備
好，感受到愛。

關鍵字 Keywords
☑ 簡單、關愛。

當我們讓自己去接受、付出時，愛的感覺，也會越來越明顯。

當我們開始明白，愛是當我們單純的去真心付出時，關係也會開始變得簡單。

很多時候，當我們在嘗試給予愛，或付出自己的情感時，我們都在擔憂「結果」。然後，因為不同的可能性，變得思想混亂、情緒波動。

嘗試問問自己，在感情中，自己需要的是什麼？然後再用心去享受、投入目前的感情和關係。

給自己的小練習

用簡單的方式過生活，每天做一點關愛自己的事。
經常提醒自己，簡單一點，就容易感受到愛。

我今天有愛護自己嗎？
我今天有感覺到愛嗎？

LOVE 02 · 用心關愛

別人都可以擁有
自己要的感情

但是我卻一點都感受不到
愛與溫暖⋯

唯有深入內心，才能
感受到自己需要的
關愛。

關鍵字 Keywords
☑ 溫暖、關愛。

當我們接受內心的感覺時，便開始感受到愛的感覺。

當我們可以深入內心的感受，我們就可以重新感覺
到，所需要的溫暖與愛，是什麼樣的感覺。

太多時候，我們只是注意別人有的，不論是物質、
情感的，永遠是比自己的狀況好。也因為我們沒有
好好去感受自己的心，所以我們無法好好為自己找
到真正需要的感覺、關愛。

多為自己感受一下，怎麼樣才會覺得舒服。多幫
自己體驗一下，什麼樣的感覺，對自己來說才是
「愛」，才是溫馨的。

給自己的小練習

真誠面對自己的感情，不要害羞表達，讓自己可以
感受到熱情、溫暖。

我表達對自己的關心了嗎？
我有從內心去感受嗎？

LOVE 03・舒適感覺

到底要怎麼找到對的人

可以愛我的人…

舒適的感覺，是當我們不設限，去享受互動的過程。

關鍵字 Keywords

☑ 情感、真愛。

當我們懂得以真心陪伴自己時，我們就不再孤獨了。

為自己找到，自己真正需要的情感、關係。不要只是因為身邊要「有人」，才去擁有一段關係。

很多時候，我們因為需要有人陪伴，而去開始一段關係。但是，我們並不確定這段關係裡，我們真正需要的是什麼？自己如何在感情中，可以得到滿足？往往就找到不是那麼適合自己的人，同時，也讓自己受到了傷害、痛心。

每天問問自己，怎麼樣才可以感覺到舒服、溫暖。慢慢幫自己找出自己需要的感覺，也就可以找到適合的人，滿足自己在關係裡的需求。

給自己的小練習

用心疼愛自己的同時，不抱著期待回報的心態，真心為周遭的人付出。

我有讓自己感覺舒服了嗎？
我陪伴自己了嗎？

LOVE 04 · 真信不移

無法進入
一段感情

總是擔心害怕…

因為信任，我們可以
放心去投入情感，可
以用心相愛。

關鍵字 Keywords
☑ 情感、信任。

當我們清楚自己在情感中的需要時，我們才會懂得如何去經營自己的感情。

情感的發展，往往不如我們所願，不論我們怎麼去盡力，很多時候，都不是我們預期的。

兩人的感情，常常因為很多不同的因素，發生預期外的變化。儘管自己再怎麼努力、嘗試經營或改變，結果都未必是自己設想的。

在感覺迷失、困惑、無奈時，提醒自己，這段感情開始時，自己想要的是什麼？這樣可以找回自己在情感裡的需要，也能再找回自己原有的魅力與特質。一旦重新找回相處的感覺，兩人的感情，也能再次點起熱情與火花。

給自己的小練習

對感情、友誼，充滿信任，相信身邊的人，願意投入自己的心意。

我有真實面對自己的感情嗎？
我問了自己，在情感中想要的是什麼嗎？

LOVE 05 · 相信自己

好害怕把自己的感覺表達出來

到底對方會怎麼想呢？

深信自己是夠好的，
是值得愛的，我們才
能安心去愛。

關鍵字 Keywords
☑ 信任、相信。

不安的感覺，會因為我們學著去信任，慢慢減少。

情感關係，是要讓我們學習信任。信任自己值得被愛，也信任對方對我們的好。

我們常常因為對自己的信心不足，在關係裡，讓自己感到不安。也因為對自己的信心不夠，變得不知道自己有多值得別人關愛。因為種種的不安、不信任，我們對自己的感情，抱持太多的懷疑。

學習去相信，相信一份情感的開始，也讓我們開始學習愛。讓我們可以慢慢打開自己的心，告訴自己，自己是值得被愛的。陪伴我們的人，也是千萬人之中，特別出現在我們生命中，來愛我們、呵護我們的。

給自己的小練習

對自己的信念，堅定不移，深信自己所相信的。

我有感覺到安定嗎？
我信任自己的感覺嗎？

LOVE 06·支持陪伴

為什麼
總是不聽我的勸

我都是為他好啊…

尊重自己，尊重對
方，是相愛的開始。

關鍵字 Keywords
☑尊重、支持。

開始懂得愛自己多一點時，我們也會懂得如何去愛、
尊重對方多一些。

尊重對方的選擇，就是愛的開始。當我們可以接受
他人決定時，我們就開始慢慢懂得如何去愛了。

每個人在不同階段，都有不同的抉擇。但是，我們
會因為「愛」對方，而去干涉對方的想法。也因為
「愛」，讓我們去控制別人，想去幫別人做決定。

其實，真正的愛是單純的尊重與接受。當我們可以
讓自己接受對方的想法時，我們才開始慢慢懂得愛。
不論他們的決定如何，我們都給予祝福與支持，這
樣才是真正的付出我們的愛。

給自己的小練習

溫柔的提醒自己，相愛、相處，是從尊重開始的。

我有尊重他人的選擇嗎？
我有去干涉別人嗎？

LOVE 07 · 正視情感

想找一段好的感情 太難了

身旁的人，總是太多意見⋯

自己的感情，只有自己瞭解，別人無法體會。

關鍵字 Keywords

☑ 感情、認知。

當我們可以讓自己不那麼在意別人的說法時,我們就可以好好地做自己。

感情,是自己與另一個人之間的事,只需要純粹的經營、處理就好,不用加入太多他人的看法、意見。

很多時候,我們因為太在意身邊人的看法、想法,反而在情感關係中迷失了自己。嘗試問問自己在這段感情中,內心真正想要的是什麼?

珍惜自己找到的情感,呵護自己在關係中的需要。別人的意見,我們尊重、參考。重要的是自己需要的、想要的。

給自己的小練習

真誠面對自己的感情、需要,不去用別人的標準來找感情。

我認真面對自己的感覺了嗎?
我有很在意別人的話嗎?

LOVE 08・生命旅程

不知道可以怎麼樣
跟周遭的人相處

怎麼去愛、去感受…

用心的陪伴，讓我們
之間的感情更有意
義。

關鍵字 Keywords
☑ 陪伴、等候。

當我們懂得耐心陪伴自己時，我們便會懂得如何跟人相處。

生命的旅程，是一場與我們相識、有緣的人，一起相互陪伴的歷程。

用心去感受身邊的人，在我們經歷不同的階段時，陪伴著我們。在我們最需要扶持的時候，陪我們度過。

當我們可以珍惜這些人的陪伴時，我們就可以真正感受到生命的價值，生活也可以再次有了意義。

用心陪著自己，度過每一個不同的階段，細心呵護著每一時刻的感受。

我有用心陪伴自己嗎？
我有失去耐心嗎？

LOVE 09 · 感受關係

壓抑太久的感情
已經不知道什麼樣的人

才是適合自己的⋯

真正需要的關係，是
我們把心打開時，才
能感受到的。

關鍵字 Keywords
☑ 大膽、感受。

認真做自己，才能幫自己找到需要的愛情。

幫自己去感覺，自己在關係裡，需要的是什麼？是怎麼樣的感覺？

往往我們在找尋另一半時，都是在找給「別人」看的，依照他人的條件來評估對方。然而，這些條件未必是真正自己想要的。

嘗試用自己的心，感覺內在的需要。跟著心中的感覺，找出一個讓自己舒服、合適的人，一同打造幸福的生活。

不要畏懼，勇敢地表達自己的感受、想法、創意。

我為自己找尋自己的需要了？
我又壓抑自己的情緒了嗎？

Love with all you have

LOVE 10 · 用心去愛

真的好想
進入一段感情

但是又好怕去愛…

相信、投入感情時，
我們才能慢慢感受
到愛。

關鍵字 Keywords
☑ 融入、去愛。

愛，是在我們融入一段感情時，才能真實感受到。

給自己機會，讓自己可以在情感中，好好去融入、好好去愛。

我們經常在面對感情時，有很多的不安、不信任。也因為這些情緒，讓自己面對喜歡的人時，無法自然互動，甚至壓抑自己的需要，反而推開、逃避自己真正想要的感覺。

嘗試對自己好，去感受、接受自己所需要的感覺、情感。慢慢在關係中找出自己真正需要的呵護，與愛的感覺。

給自己的小練習

好好投入感情，不要讓過多的擔憂，干擾了自己的心。

我讓自己好好感受愛了嗎？
我有找到愛的感覺嗎？

LOVE 11 · 放下過去

過去的事
無法從腦海中釋放
不停糾結、煩心⋯

唯有不在「過去」停
留，才可以往前邁
進。

關鍵字 Keywords
☑ 釋放、回憶。

過去的經驗，都是最好的學習，如何更懂得愛。

當自己重新再去面對真實內心時，同時也開始前往真心所嚮往的未來。

很多時候，我們一直無法在感情上完全投入、享受戀愛，甚至常常就在得到對方承諾前，自己就收手、退出。這是因為還被過往的經驗與記憶給綁住了。

告訴自己釋放這些已經不需要的回憶與情緒，不再困在過去，讓自己前往人生的下一階段。

給自己的小練習

讓過去的事情，成為學習經驗，未來的自己將會成長得更好。

我為自己找出感情上想要的是什麼了嗎？
我放下不再需要的過去了嗎？

LOVE 12 · 勇敢去愛

無法去追求
自己愛的

身邊有太多影響，太多干擾⋯

自己所愛的，只有自己才懂得如何去爭取。

關鍵字 Keywords
☑ 勇氣、接受。

48

為自己勇敢去爭取，自己覺得值得的事、心愛的人。

當我們找到值得愛的人、努力的事時，那就讓自己去全心投入。

生活中有太多事情，讓自己感到辛苦，也經常有很多「人」的問題，使得自己覺得委屈、難受。人生的時間沒有很長，不值得將時間花費在那些不開心的人、事上面。

為自己努力，去爭取心中覺得值得的事情。把每一天的時光，都為自己付出，找到自己生活裡的幸福、快樂。

給自己的小練習

面對人生的挑戰，要為自己而鼓足勇氣。縱使再困苦，都要溫柔的對待自己。

我有勇敢去做，心中想做的事情嗎？
我有為自己去爭取，心中想要的嗎？

LOVE 13・用心共處

為什麼
他總是要這樣
不能好好相處嗎？

把握相處的時間，不要讓情緒，影響了珍貴的時光。

關鍵字 Keywords
☑ 珍惜、共處。

愛，就從接受對方的全部開始。接受對方與自己的
不同，享受在一起時的快樂時光。

珍惜跟心愛的人共處的時間，享受每次相聚的時刻。
好好讓自己，真正去感受到愛的感覺。

往往我們在嘗試去愛一個人時，會有太多的顧慮，
影響我們的情緒。因為害怕失去，或是不能擁有對
方的全部，而開始感到焦慮、不安。

不要讓這些莫名的恐慌，影響到自己與對方的感情。
不要因為害怕，就要對方照自己的方式來生活。

給自己的小練習

珍惜每一次的相遇，用心跟每一個人相處。

我有珍惜身邊的人嗎？
我有感謝身旁的人嗎？

LOVE 14 · 用心經營

那麼多應該要做的
為什麼他總是沒做到?

和諧的關係,需要用
心經營,在互動中才
能找到。

關鍵字 Keywords
☑ 關係、經營。

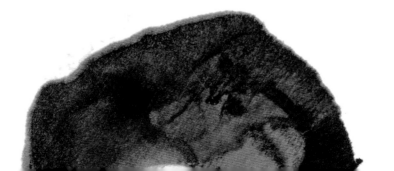

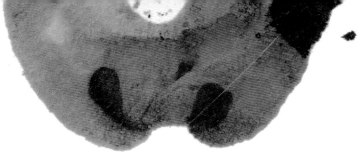

兩個人的關係，不只是因為有緣才在一起，還需要
雙方互相維繫、經營，才能夠繼續下去。

用心經營的關係，才能更和諧的維持。不是只因為
喜歡，很多事情就變成理所當然的，也不是因為有
了「名分」，一切都變成應該的。

嘗試去理解對方的角度、背景、立場，很多事情，
就不是那麼單一了，也比較容易同理、原諒、放下。
大家都有自己的個性、想法，唯有嘗試去理解對方，
才能夠找到互相包容的心。

給自己的小練習

明白如何在關係中，保有自己的特色，又能夠輕鬆
與外界相處。

我有嘗試去理解自己嗎？
我有嘗試去了解對方嗎？

LOVE 15 · 感恩相遇

受不了了
身邊的人
太經常讓我感到憤怒了

當心情平靜下來時，可以再回頭看看，會發現雙方真正的需要。

關鍵字 Keywords
☑ 珍惜、感恩。

當我們常提醒自己心懷感謝時，很多事情都不再嚴重了。

提醒自己，珍惜相遇的每一個人、感謝每一段情感。

雖然不是每一段關係都是和諧、歡樂的。但是，每一次的經歷，都可以讓我們好好相互學習的。

從每一次的互動中，讓自己更加了解自己，也更明白內心的感受與需要。

給自己的小練習

安定自己的情緒，找到安穩的感覺，再次讓心情平靜下來。

我感謝自己了嗎？
我有想要感謝的人嗎？

LOVE 16 · 美好情感

都這麼努力配合了 難道他就不能

多順著我一點嗎？

找出自己感情上的
需要，才能在互動中
找到平衡。

關鍵字 Keywords
☑ 情感、互信。

當明白自己在情感上的需要時,我們就可以勇敢地投入。

情感的互動,並不是對方照著自己的意思做,才是真心對自己付出。

很多時候,我們因為自己對感情沒有信心,而一直要求對方滿足自己的需求,來證實對自己的真心、真誠。

嘗試給對方空間,也給自己時間,好好再感受在這段關係之中,自己真正需要的是什麼。這樣維繫兩人之間的關係,可以更美滿。

用心對待自己與身邊的每一個人,清楚自己與對方的需求。

我感受到自己在情感上的需要了嗎?
我讓自己去融入感情了嗎?

LOVE 17 · 舒適空間

到底該怎麼相處才好？
為什麼每次見面

都會有摩擦⋯

找出舒適的相處空間、距離，可以讓關係更和諧。

關鍵字 Keywords
☑界線、空間。

當我們清楚自己在關係中的底線時，保持在恰當的互動距離，會舒服很多。

分離，有時候是為了讓雙方都靜下來，感覺自己在這段關係中，真正要的是什麼。

很多時候，我們因為跟身邊的人熟稔，就忘記大家互相尊重的界線與需求。也有太多的時候，自己的情緒影響到身邊的人，造成很多不必要的誤會。

給對方一些空間，也給自己一些時間，讓兩個人可以清楚地感覺，在這段感情關係中，雙方真正需要的是什麼。分離，不代表永遠地分開。反而可以讓下一次再相聚時，更加融洽、快樂。

給自己的小練習

清楚明白自己的底線、需要的空間，就可以懂得與周遭的人有良好互動。

我設定好自己的底線了嗎？
我明白自己在關係中需要什麼樣的距離嗎？

LOVE 18 · 珍惜把握

不知道該怎麼繼續這段感情

心情只是覺得厭煩…

調整情緒，不要讓負
面情緒影響了關係。

關鍵字 Keywords

☑ 緣分、珍惜。

適時地調整自己的心情，別讓不好的情緒，破壞了原本美好的感情。

珍惜當下的感情，提醒自己，每段感情都來得不易，不要讓自己因爲情緒的影響，輕易放掉一段情感。

我們與身邊的人，相遇、相知都是不容易的。茫茫人海中，要遇到一個自己喜歡，又對自己好的人，更是難得。

不要把千辛萬苦得來的感情，因爲一時自己內心的不適，就放棄了。把握人生短暫的時間，珍惜能夠擁有的緣分，不要被自己的情緒給綁死了。

給自己的小練習

懂得照顧自己的情緒，適時地宣洩、調整心情。

我釋放了不需要的情緒了嗎？
我讓自己感到呵護了嗎？

LOVE 19・相互祝福

不知道怎樣才能
真正放下

讓對方離去…

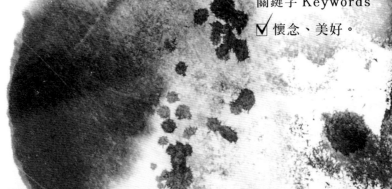

每段關係都有聚散
的時候，只需珍惜曾
經的美好。

關鍵字 Keywords
☑ 懷念、美好。

每段感情，都曾經有過很多的回憶，我們只需單純的留下美好。

每段感情結束時，都少不了難過。嘗試只留下其中美好的回憶，其他就隨時間淡去吧。

人生的旅途中，我們都會遇到不同的人，發展不同的情感關係。這些過程充滿了種種的情緒、回憶。不論最後結果如何、不管中間到底有什麼對錯，讓過去的都過去。

只要為自己留下曾經美好的回憶。不要再念念不忘那些不舒服、傷痛的事。展望未來，那是一個全新的將來，即將迎接更多不同的人，陪伴自己走過人生不同的階段。

給自己的小練習

提醒自己，緬懷過去的美好，放下不再需要的回憶。

我真誠面對內心需要的情感了嗎？
我幫自己放下一些情緒了嗎？

LOVE 20 · 珍愛一切

真是不懂
怎麼不歡而散

總是成了每次見面的結果…

對每段感情,都真心
的去付出,愛就從這
開始。

關鍵字 Keywords
☑ 時間、珍惜。

珍惜每一次的相聚，彼此的心，將會更相互貼近。

生命之於時間，只有倒數。能夠相聚的次數，在不知不覺間，都是遞減。把握每一次能夠相聚的機會，珍惜每一次的相聚時光。

不要讓每次的聚會，都變成無謂的爭吵。也不要讓自己困在他人的意見、看法、情緒裡。生活是自己的，聆聽內心的聲音，做值得的事情。

時間不會倒轉，機會也不會重來。把握每一次的機緣，珍惜每一個緣分。不論最後結果如何，至少我們真心為彼此付出過。

給自己的小練習

珍惜生命的時間，用心計畫好每一天的生活。

我今天提醒自己需要珍惜的人或事了嗎？
我今天感謝了相遇的每一個人嗎？

EMOTION & FEELING

情緒・心情

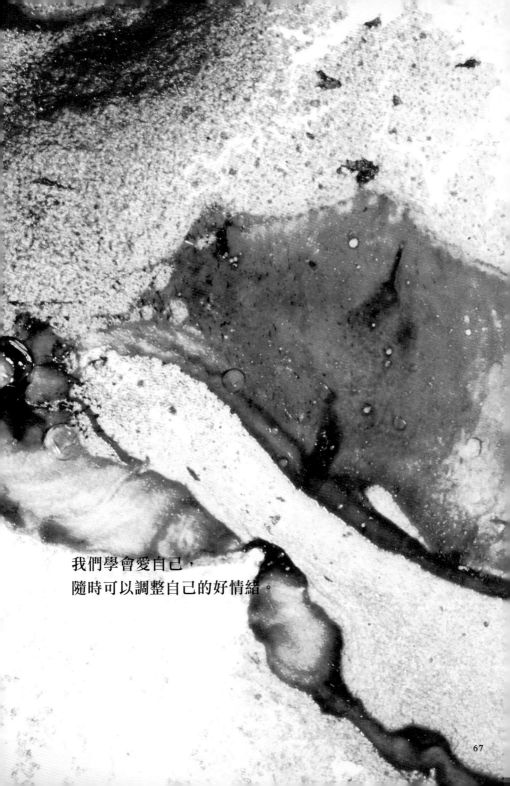

我們學會愛自己，
隨時可以調整自己的好情緒。

LOVE 21・陽光燦爛

有許多事要擔心
每天都處於緊張、不安

把注意力放在當下，
努力邁向目標，信心
自然就會建立起來。

關鍵字 Keywords
☑ 陽光、快樂。

當我們把注意力集中在呼吸上，緊張的感覺就會慢慢減少。

不要被「擔憂」綁住了，很多事情尚未發生，再多預想的憂慮，都是自己嚇自己而已。

我們常常因為擔心身邊的人、或事情的發展，事先設想了很多不同的可能性，而諸多的「設想」，只會造成自己緊張、焦慮。大多時候，事情的轉變，都不是設想的結果，所以那些事前的擔憂，都是沒用的。

做好自己眼前這一刻能做到的，就已經足夠了，其他的擔憂都是多餘。因為想再多也無法有任何實質的幫助，只會影響自己的心情。

給自己的小練習

找出讓自己快樂的方式，不要讓擔憂，佔據了整個心。

我為自己做深呼吸了嗎？
我讓自己曬一下太陽了嗎？

覺得很困惑
不知道自己想要什麼

究竟該怎麼做，一點頭緒也沒有⋯

滿足的感覺，是在我
們清楚自己的需要
時找出來。

關鍵字 Keywords
☑ 滿足、步驟。

當我們清楚自己的需要時，我們可以更容易去滿足自己。

了解自己，是找到生活中快樂，必須要的步驟。了解自己的需要，了解自己內心的狀態，了解自己感情的需求。

很多時候，我們因爲對自己不了解，對自己的需求也不明白，在生活、感情、工作，都容易感到挫折。因爲不懂內心的需要，我們就迷茫的追求一些不是真正想要的。

找方法來看清楚自己的需要，探索自己的內在。到底自己在感情、工作、生活上，想要的是什麼？不要因爲只想要「擁有」，而盲目去「征服」。

給自己的小練習

從小小的樂趣中，找到讓自己感到滿足、開心的事情。

我問了自己想要的幸福是什麼嗎？
我關懷過自己，需要什麼嗎？

LOVE 23 · 盡情歡樂

太多問題，讓自己心煩沒有什麼動力，做任何事

說服自己去放鬆玩樂一下，讓歡樂重新點燃對生活的熱情。

關鍵字 Keywords

☑ 歡樂、熱力。

- 如果我們肯讓自己，像孩童般放鬆玩樂，失落的心情就可以再次開朗起來。

嘗試從生活裡，找出多一點樂趣。熱情與歡樂，其實都藏在看似平實、簡單的生活中。

每天在工作、家庭、人際關係中忙碌打轉，常常會感到疲累，厭倦生活上的一切。漸漸的，對很多事情也失去了興趣，沒了感覺。

提醒自己，多關懷自己一點。換個角度再去感受生活，都有可能從中感受到熱情。每天讓自己吃得開心點、過得快樂點。不要讓一些煩心的事情，佔據了原本可以享受生活的想法。

給自己的小練習

經常提醒自己，人生，好玩、多動，就夠了。適時放鬆玩樂，幫自己找回動力。

我讓自己放鬆玩一下了嗎？
我找機會讓自己看日落了嗎？

LOVE 24・面對自己

不再清楚自己要的 是什麼

好像都只有別人有的才是好的…

用多點時間去感受 內心時，我們才可以 更清楚自己所需要 的。

──────────

關鍵字 Keywords

☑眞誠、面對。

真誠的面對自己的內心時，我們就可以不再去羨慕
他人所擁有的。

所謂面對我們自己的內心，也就是與藏在心底深處
的內在小孩再做連結。

成長的過程中，有太多的經歷，會讓我們忘記內在
真正的需要。也有太多的勉強，逼迫自己迎合外界
的要求，忽略了真實的感受。

重新找回心中的感受，再次為自己聆聽內在的聲音。

給自己的小練習

試著去感受自己的內心，去感覺每一刻的感覺，誠
實面對自己的每一分覺受。

我感受了自己內心的需求了嗎？
我有為自己打開自己的心嗎？

Open to receive

LOVE 25·敞開內心

不想接受別人的幫助
難以打開自己

去接受關懷…

接收幫助，不是軟弱
不堅強，也不是依
賴。

關鍵字 Keywords
☑敞開、接受。

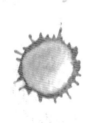

當我們不再堅持，開始接受別人的建議、幫助時，我們的內心也會舒服很多。

接受幫助，也是愛自己的開始。嘗試打開自己的心，讓外面的陽光與能量進來，也給幫助我們的人，可以走進我們的生活。

很多時候，我們想要堅持、堅強，覺得自己一個人可以完成很多事情，解決全部的問題。但是「合作」往往也是事情可以成功的要素之一。

試試看讓自己放掉一些堅持，讓身邊的人來協助自己，接受他們的關懷與幫助，不要擔心自己會從此產生依賴。

心靈小練習

嘗試打開內心多一點，讓身邊的人可以幫助自己。

我學習讓自己去接受他人的幫助了嗎？
我放掉一些堅持了嗎？

LOVE 26・自我鼓勵

總是覺得自己不夠好 沒什麼自信

自己的價值，由自己找出來，給自己定位。

關鍵字 Keywords
☑ 鼓勵、肯定。

經常給自己鼓勵，我們會更有信心，活出自我的價值。

每天嘗試鼓勵自己、肯定自己，找到生活價值與快樂。

我們不需要從別人身上尋求認同、肯定。自己的價值，是自己賦予的。很多時候，我們花費太多時間去尋找旁人的認同，也常常因為別人的看法，我們藏起了個人的獨特性。

人生是自己的，為自己而努力，追求值得的事情，堅持心中的夢想。

給自己的小練習

經常鼓勵自己，不用等待別人的讚嘆，才覺得自己是夠好的。

我鼓勵自己了嗎？
我有讚賞自己嗎？

LOVE 27 · 心情態度

非常憤怒、煩躁
手上的事情
都無法好好完成…

情緒是需要適時的
釋放、表達，心情才
容易調整成舒暢的
狀態。

關鍵字 Keywords
☑ 情緒、態度。

適時地幫自己釋放情緒，讓自己回到當下，找到平靜。

生氣、憤怒，都是需要表達出來的情緒。

生活中常會出現一些問題、人事，讓我們產生不開心、不愉快的心情。當問題一再重複、 時找不到解決辦法時，我們也容易陷入焦慮、憤怒。

但是，當發現這些情緒不能解決問題的時候，提醒自己轉換另一種情緒、另一種方式，去面對問題，找到解決的辦法。

給自己的小練習

不用避諱表達自己的情緒，幫自己找到適合的方式，宣洩不需要的情緒。

我真實面對自己的情緒了嗎？
我有讓自己好好釋放情緒了嗎？

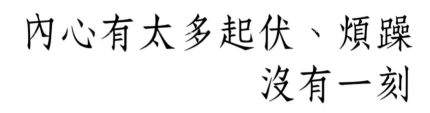

Serenity is all we need

LOVE 28 · 回歸寧靜

內心有太多起伏、煩躁
沒有一刻

可以好好地靜下心來…

找方法回到寧靜的狀態，我們的內心才可以感到平和、舒適。

關鍵字 Keywords
☑ 平靜、和諧。

適時地釋放心中的煩惱、情緒，我們的內心，也比較容易處於平靜的狀態。

平靜，是我們不再為太多事情所煩惱時，內心感受到的舒適狀態。要對自己好，那麼就去尋找方法放鬆，真實感受寧靜的滋味。

生活中有太多事情，讓我們煩惱、操心，因此平靜的內心，便是我們非常需要的。尤其是當我們要做抉擇時，內心非常需要處在一個寧靜的狀態。

每一天給自己一點點時間，重新感覺內在的需要、想法、狀態。把不需要的都放掉，平靜的感覺就會和自己再接近一點、再真實一點了。

給自己的小練習

每天為了自己，釋放一些煩惱，找回一點平靜，心情更容易保持平和的狀態。

我幫自己釋放今天的煩惱了嗎？
我有找時間抬頭看看藍天嗎？

Initiating your power

LOVE 29·原始動力

每天只是忙碌
忙到沒什麼力氣

也找不到什麼熱情，再繼續下去…

動力，可以讓我們持續下去，不感到疲乏、厭倦。

關鍵字 Keywords

☑ 熱情、能量。

熱情，可以讓我們找到動力，持續下去。

每天多為自己想一想，想想真正的需要，感覺內在的心情。不要只忙著外面的工作、別人的事情。

有時候，我們會覺得生活沉悶、無聊，找不到動力、熱情。每天都有忙不完的工作、解決不完的事情。但是在這些事之中，沒有多少是真正跟自己有關的。

這個時候就停下來，問問自己，想要的是什麼？把專注力再次放在自己身上，才能找回生活裡的火花、樂趣。

給自己的小練習

找回生活的樂趣，可以幫助自己找到工作的動力。

我有感覺到做事的熱情嗎？
我有讓自己有「動力」的感覺嗎？

重複的工作、作息
感覺生活的一切

都好沉悶⋯

生活裡有很多新鮮、
好玩的事，等待我們
去發掘。

關鍵字 Keywords

☑ 趣味、歡樂。

當自己的生活充滿好玩的事物時，我們就可以真正
去享受生活。

嘗試學習去找出生活中的趣味，幫自己與身邊的人，
找出一些生活中的新鮮感。讓我們與身旁的人，可
以更享受每一天的生活。

相處久的人，以及每天重複的工作、作息，常會讓
我們覺得生活失去了樂趣。漸漸地，除了內心感到
疲憊外，對身外的事情，也不再感興趣了。自己也
開始失去了生活的重心、價值。

每天花點時間，幫自己和身旁的人，找出一些新鮮、
好玩的事情，讓大家依然感受到生活中的火花。也
讓內心有如回到孩童時期般，對世界再次充滿興趣、
熱情。

給自己的小練習

讓自己可以跟不同背景、文化的人，都能開心地互
動。

我幫自己做了新的嘗試嗎？
我找到好玩的事情給自己了嗎？

LOVE 31 · 開始學愛

身心俱疲
從來就只有我在付出

都沒有感受到關愛⋯

真正的關愛,是從學
習愛自己開始。

關鍵字 Keywords
☑ 調整、呼吸。

愛的學習，是從我們關愛自己開始。

學習去關愛自己、愛惜自己。

我們經常把時間、精力，花太多在外面的事情上、其他人身上。反而忘記了，自己也是需要呵護、關心的。

每天花一些時間，多一點關懷、多一點愛。當我們開始感受到愛的溫暖時，就會更懂得如何去幫助、愛護身邊的人。

給自己的小練習

找方式去關愛自己、滿足自己的需要，讓自己再次感受到愛。

我給自己關愛了嗎？
我學習去愛自己多一點了嗎？

LOVE 32 · 面對未來

太多的失落感
什麼都不是
本來期待的樣子…

善待自己，不是自私，而是真正愛自己與他人的開始。

關鍵字 Keywords
☑ 定心、平緩。

當我們找到內心安定的感覺時，擔憂的感覺就會減少很多。

不要再為難自己，讓自己好過一點。

很多事，過去了，就讓它過去吧。雖然不符合自己的期待，但是，已經發生了，我們還是得去面對、接受。

嘗試讓自己舒服一點，不要一直糾結在過不去的點上，不但折磨自己，也讓身邊的人跟著辛苦。

給自己的小練習

讓自己好過一點，不要一直逼迫自己、勉強自己。

我又讓自己開始亂想了嗎？
我有找方式，讓自己心情安定一點嗎？

LOVE 33 · 真心表達

都那麼努力去配合了
都還是不夠

到底要怎麼樣，才可以…

不論是正面、負面情
緒，我們都為自己表
達出來了。

關鍵字 Keywords
☑ 眞實、心情。

當我們真實面對自己時，我們會更清楚知道自己的底線在哪。

嘗試把自己的心，為自己打開，感受自己的情緒、自己的感覺。

很多時候，我們因為要迎合外界的看法、觀念、制度，我們勉強自己去做一些不願意的事。時間久了，我們也忘卻了自己的真實感受，習慣遷就他人、迎合外界。

重新去感受自己的內心、自己的感覺。為自己做真實的情緒表達，找回自己內心真正想要的。

真實面對自己的情緒，提醒自己，不要害怕看到負面的情緒。

我今天，有勉強遷就外在的人事物嗎？
我今天，為自己著想了嗎？

LOVE 34 · 將會更好

一切都太痛苦了
不想再走下去了

什麼都會過去的,即使現在很難過,也會過去的。

關鍵字 Keywords

☑ 勇氣、動力。

常常看看天空，我們的心情，可以逐漸打開。

提醒自己，再苦的日子，我們都可以熬過去。

很多時候，過不去的，是那一秒的想法、情緒。我們無法再繼續，不是因為太辛苦，而是因為我們找不到再繼續下去的理由。

對自己好一點，學習疼愛自己多一點。幫自己找出生活的希望，往前走的勇氣。

給自己的小練習

雖然經歷了很多痛苦的經驗，但對生命，依舊保持希望、勇氣。

我有疼愛自己嗎？
我讓自己，看看星空了嗎？

LOVE 35 · 表達自己

別人都不懂我
覺得好孤獨

自己的存在，是獨特
的，有一定的價值，
不用去遮掩。

關鍵字 Keywords

☑ 表達、獨特。

當我們認同自己與眾不同時，我們便可以更真實地
活出自我。

讓自己先認同自己，不需要等其他人來認可自己。

很多時候，我們擔憂把自己真正的特質、想法表達
出來，是因為害怕他人的眼光、評價，只有等到其
他人的認同，我們才敢行動、表現。總是恐懼自己
做得不合適、不夠好，無法與團體融入。

找回自己的特質、創意、天賦。讚賞自己的獨特和
與眾不同。可以讓自己的心更舒服，用真實的自己
過生活。

拿出勇氣，一步一步去實現自己的想法。

我讓自己去做真實的自己了嗎？
我太在意別人的眼光嗎？

LOVE 36 · 找出歡樂

生活有太多不開心的事
覺得很茫然

不知道該怎麼辦⋯

當心情可以放鬆一
點，就能夠再次找到
歡樂。

關鍵字 Keywords

☑ 開心、愉悅。

當生活多了點歡樂，我們也可以感到更多樂趣。

為自己創造多點歡樂，帶入每一天的生活。不要困在不開心的人、事上。

在每天忙碌不停的生活裡，我們有太多事情需要處理，太多問題需要解決。而且在很多時候，事情不一定照著我們想要的方式進行，問題一出現，常常帶給我們太多的情緒。

試著用輕鬆一點的心情，度過每天的生活。生活中已經太多苦悶了，不要再增加更多不開心的情緒。同時也幫自己添加生活中的樂趣，讓自己好過一點。

給自己的小練習

從生活中，可以找到很多歡樂、好玩的事情。

我為自己抒發緊張的情緒了嗎？
我為自己做了感覺歡樂的事嗎？

LOVE 37 · 重新開始

無法再接受苦悶的生活 但也不知道

自己想要什麼樣的生活…

每天都是新的一天，
不論昨天過得如何，
今天依然要重新開
始。

關鍵字 Keywords

☑重新、開始。

讓自己沒有負擔過生活，就是把每天當成新的一天。

每一個新的一天，都是新的開始。
為自己的明天、將來，再做準備，永遠不會太晚。

我們常常會因為周遭發生的事情，覺得很難依目前
的狀態，再繼續下去。當自己的心情大受影響時，
自己對人生、工作、家庭等，也都失去了動力，感
覺人生好像沒什麼希望。

不要再勉強自己，凡事都要去扶持、擔當，學會放
手，讓身邊的人、事自行運轉，自然產生結果。這
時自然也會出現一條適合自己的出路，引領自己重
新開始，一個全新的將來。

給自己的小練習

每天找找新的靈感，幫自己與身邊的人，找到生活
中的樂趣、新鮮的事物。

我還讓自己停留在過去的煩惱中嗎？
我可以讓自己重新再啟動嗎？

LOVE 38 · 轉變情緒

事情都沒有好轉
也不想再做任何改變
只怕會變得更差而已⋯

當態度轉變了，我們的看法、心情都會變得很不一樣。

關鍵字 Keywords
☑ 態度、心情。

經常調整心情，讓自己隨時保持正向的態度。

態度，可以影響我們的一切，不論是工作、家庭、人際，甚至自己是否能成功，都取決於我們對自己、對外界的態度。

我們常常感到苦悶、無奈，是因為我們無法轉變外界對我們的影響，自己的心情、情緒，也無法變得正面。

嘗試找到適合自己的方法，適時給自己轉變一下心情、放鬆一下，很快的，我們就可以感覺到對一切人或事的態度、看法都不同了。

給自己的小練習

瞭解如何掌握自己的心情，調整自己的情緒。用最佳的態度，來面對外界一切。

我有覺得生活苦悶嗎？
我有找機會，轉變一下自己的心情嗎？

LOVE 39 · 真實感受

外在種種的壓力
讓我無法有一刻

能鬆懈自己的情緒…

如果我們經常正視內在的感受，我們的心情，就可以適時的調整。

關鍵字 Keywords

☑注視、呵護。

當我們懂得如何去呵護自己的內在感受時，負面的
情緒很快可以得到適時的調整。

真誠面對每天的情緒，接受我們內在真實的感受，
用心來呵護需要被注視的內在覺受。

我們的情緒，每一天都受到外在環境因素、內心感
受，時時刻刻有不同的變化。每次負面情緒出現，
我們可能都嘗試要控制或是壓抑。但是情緒往往不
受控制，或者即使壓抑，也都只是暫時的，無法得
到真正的釋放或排解。

與其去控制情緒，不如真誠的面對內在的感受，聆
聽內在的真實需要，尋求不同的方式來呵護我們的
內在覺受。

給自己的小練習

誠實面對自己的內在感受，讓自己的情緒，都能適
當釋放。

我聆聽了自己的心聲嗎？
我去關注自己的內在感受了嗎？

LOVE 40 · 反思整理

覺得很挫折
預定好的計畫
每次都不能好好完成⋯

調整一下心情，新的
想法都會再出現。

關鍵字 Keywords
☑ 整理、過去。

每天整理自己的一切時，我們就準備好迎接新的機會、新的開始。

找出時間給自己，重新整理自己的生活，檢視自己的生活態度。

生活中常常會出現突發狀況，打亂我們原本的計畫，甚至是要我們跳出原本的舒適圈。不論是工作、金錢、感情、家庭、健康，常常都會有意想不到的事情發生，讓我們需要重新調整我們的步調。

當事情發生時，告訴自己，這也是重新調整生活的轉折點。不要因為困難來了就開始沮喪。反而要好好把握這個時機，重新再看看之前未曾重視過的問題，更好的規劃自己的新生活。

給自己的小練習

每天整理一下自己的心情，重整自己的態度，明天將會是一個新的開始。

我幫自己整理思緒了嗎？
我整理了居住的環境了嗎？

LOVE 41·融入生活

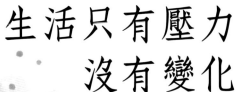

生活只有壓力
沒有變化

好厭煩！

把專注力放到自己
身上，可以再次感受
到生活裡需要的溫
暖

關鍵字 Keywords
☑ 美好、幸福。

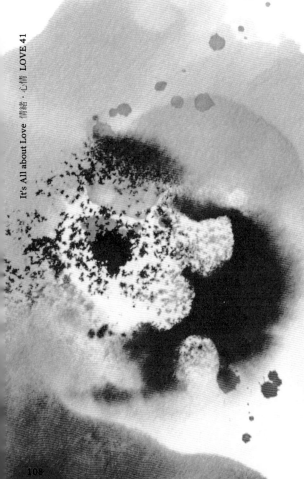

重新感受每一天，從身邊找到好玩、有趣的事情。

豐富自己的生活，找出生活中的小確幸。給自己多點時間，留意身邊美好的事物。

每天面對繁忙的生活，無形的壓力會慢慢的累積，疲勞也是不停的堆積在我們身上。生活裡，也有太多的苦悶、煩惱，常常無法宣洩。這些，讓我們忘記了為自己找尋快樂的感覺。

每天抽一點時間，靜下心來看看周邊，或許很多問題的答案，這時都會浮現。

給自己的小練習

懂得如何去整理生活中每一個細節，讓生活的步調，可以是輕鬆、愉悅。

我有好好過自己的生活嗎？
我有找到「小確幸」嗎？

LOVE 42 · 舒放情緒

覺得好辛苦
什麼感覺都得壓著
不能表達出來…

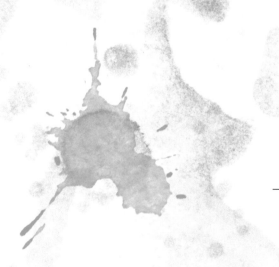

壓抑久的情緒，是很
容易爆發的，得適時
的釋放。

關鍵字 Keywords
☑情緒、釋放。

適時地釋放情緒，可以常保舒服的感覺。

提醒自己，每天為自己做點這類的事或活動，可以讓自己放鬆的，可以舒放情緒的。

我們的身體健康、內心情緒，常常會給我們一些訊息、指示。當我們多用一點心，去聆聽這些訊息，我們可以更瞭解當下的狀態，也可以更清楚，怎麼去關愛、疼惜自己多一點。

每天給自己一點時間，找到適合自己的放鬆方式，讓多餘的情緒釋放出去，減少一些負面的情緒。

給自己的小練習

隨時都要細心呵護自己的情緒，隨時找方式，調整不需要的情緒。

我壓抑自己的感受了嗎？
我有讓自己去舒緩情緒嗎？

LOVE 43・溫柔對待

受不了了
到底還要忍多久

還能多委屈⋯

愛自己，不用那麼嚴苛對自己，逼自己去做不舒服的事。

關鍵字 Keywords
☑ 體貼、隨心。

很多事情，不用勉強，還是可以進行得更好。

當我們真的覺得受不了時，那也不用勉強自己再繼續，不需要持續受委屈，也不需要過分的去遷就。

很多時候，因為身邊的人、事，我們不得不違背自己的心意，勉強做不願意的事。但是，當我們真的覺得夠了，不想再強迫自己了，那就放自己「自由」吧！

讓自己不再被這些人、事綁住。這不一定是要馬上放棄目前的工作、責任，而是讓自己的心不再去理會。當心不再受限，我們也就不再委屈了。

給自己的小練習

懂得如何用溫柔的方式，對待自己，呵護自己的心。

我感到委屈了嗎？
我強逼自己了嗎？

LOVE 44 · 感覺需要

看別人成功
好像很容易

自己卻一點成就感都沒有…

當我們清楚自己心中的追求時，我們就更靠近成功了。

關鍵字 Keywords
☑ 真實、感覺。

把專注力往內時，我們會越來越明白心中想要的。

每天都感覺一下，內心的感受、心中的情緒。這樣我們可以跟內心越來越靠近，也比較容易明白真正的需要。

很多時候，我們因為只把注意力放在外界，忽略了內心的所需，在生活中，也錯失了很多自己真正想要的。

幫自己再次把心打開，重新感受自己內心所需要的，把專注力放到自己的內在。由內在的感覺、想法帶領，幫忙找出自己真正的需求。

給自己的小練習

毫無畏懼的，打開自己的內心，讓自己保持清明，很確定自己人生的需求是什麼。

我感覺自己內心的需要了嗎？
我知道自己想追求的是什麼嗎？

LOVE 45 · 寵愛自己

對自己、對生活
都沒什麼自信

沒什麼興趣了…

我們先關愛自己、寵愛自己，內心才能感受到愛。

關鍵字 Keywords
☑ 愛惜、疼愛。

讓自己知道，自己是很好的，值得疼愛的。

每天告訴自己，自己是很棒的、很好的。接受自己的一切時，我們便開始了愛的療癒。

太多時候，我們只把注意力放在別人的「好」，然後比較，覺得自己沒有他人好。讓自己越來越沒信心，也失去了自我的價值。

提醒自己，多愛自己一點，多肯定自己。當我們越懂得去愛惜自己時，我們越懂得如何找回信心，發揮潛能。

給自己的小練習

對自己多一點信心，每天也會對自己更滿意。

我寵愛自己了嗎？
我告訴自己，我是很棒的嗎？

BODY & MIND

身體 · 心靈

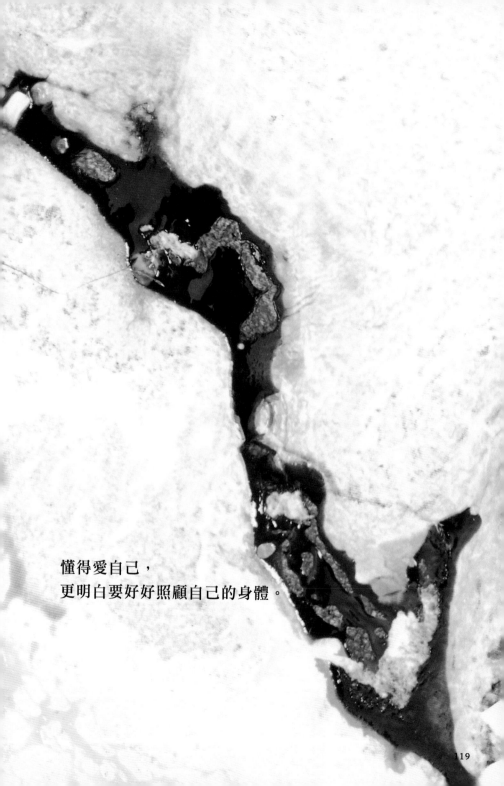

懂得愛自己，
更明白要好好照顧自己的身體。

LOVE 46・動力滿滿

忙碌得失去了方向、動力
不知道這樣下去

還有什麼意思…

找回生活的目標，每天都是讓人期待的一天。

關鍵字 Keywords

☑ 醒覺、熱力。

當心中充滿動力時，每天的生活，也會充滿樂趣。

找出生活裡的樂趣。讓自己每天起床都可以有動力，
期待每一天的開始。

在每天忙碌不停的工作、家庭、生活中，我們常常
失去了生活的目標、動力。也經常在等別人的決定
之後，自己才會做出一些抉擇，來讓自己好過一點。

先找出自己生活的目標，慢慢培養每天生活裡的熱
情、動力。自己的快樂，要靠自己找出來，不要等
待別人的決定，才能決定自己的需要。

給自己的小練習

找回衝勁、熱情，對生活再次充滿驚喜、動力。

我有找回動力的方法嗎？
我找到熱衷的事了嗎？

LOVE 47 · 自我療癒

心裡有好多事
都不知道可以跟誰說

覺得好孤獨…

當我們用心尋找，就可以找到最適合自己的舒療方法。

關鍵字 Keywords
☑ 心靈、療癒。

我們都是自己最好的療癒師，可以幫自己找到最好的療癒方式。

療癒，是一個讓我們從不舒服的狀態，重新找回身、心、靈舒適的過程。或許會有悲傷、疼痛，但是經歷過這段過程，身心都可以回到一個平衡的狀態。

生命的各種階段裡，常常會遇到挫折、阻礙，不論是在生活上、工作上，或是情感上，我們經常會在這些困境中打轉，同時也迷失自己。情緒、思緒都會受到外界環境影響而起伏不定，讓自己不知所措，處於驚慌、焦慮的狀態。

幫自己去找到可以放鬆、療癒的方式。一個可以傾聽自己的對象，好好宣洩內心的情緒。一個地方或方法，每天可以放鬆一點點也好。

給自己的小練習

不為難自己，也不壓抑自己，勇敢表達真實的心情。

我有幫自己找到療癒方式嗎？
我有讓自己去宣洩內心嗎？

LOVE 48 · 聆聽身體

煩心的事情太多都不知道

身體的感覺跟需要了⋯

太多的想法、煩惱，
只會讓我們無法好
好睡覺、休息。

關鍵字 Keywords

☑ 了解、警訊。

當我們可以放鬆睡覺時，我們的身體也可以得到更好的休息。

嘗試去聆聽自己身體的訊息、內心的聲音、身邊的一切。

我們的身體健康、內心情緒，常常會給我們一些訊息、指示。當我們多用點心去聆聽這些訊息，我們可以更瞭解當下的狀態，也可以更清楚怎麼關愛、疼惜自己多一點。

當身體、情緒，都給了自己飽和、過累，甚至生病的警訊時，我們也得開始多空出時間休息、照顧自己。不要忽略這些訊息，讓身體、情緒缺乏關懷。

給自己的小練習

幫自己去聆聽內在的想法、心聲，並感受身體的感覺。

我睡得安穩嗎？
我能好好入睡？

Nurture yourself

LOVE 49・呵護自己

生活中
找不到溫暖、關愛
也沒有什麼目標…

照顧自己，從每天對
自己的呵護開始。

關鍵字 Keywords

☑ 關切、照顧。

當我們認真去關懷自己的需要時，我們便不再感到孤獨。

每一天，為自己去做一些感覺舒服、開心的事。

生活中有太多的無奈、苦悶，周遭的人也未必能夠適時的關懷自己，關心自己的處境、心情。

做第一個關懷自己的人，即時的關切自己的感受，多給自己一些需要的溫暖與愛。每天都要愛自己多一點。

給自己的小練習

身體是自己一個人的，只有自己能幫自己過好生活。

我關懷自己的感受了嗎？
我有讓自己感到溫暖了嗎？

LOVE 50 · 滿滿的愛

都沒有人來關懷
生活一點都沒溫暖

愛與關懷,我們是第
一個給予自己的人。

關鍵字 Keywords

☑ 呵護、關懷。

重新去關注自己的感受，愛惜自己的一切。自己，
會是最懂得如何愛護自己的人。

內心的滿足與幸福，是從我們給自己滿滿的愛與呵
護開始。

當我開始去關心自己需要什麼的時候，我們才知道
怎麼樣感受到愛。

常常覺得別人都不愛護自己時，可以問問自己：有
沒有關懷過自己內在的感覺與需求？

給自己的小練習

每天對自己微笑，告訴自己，懂得滿足，幸福就來
了。

我有注意自己的感受嗎？
我對自己微笑了嗎？

已經太疲倦
無法再支持下去了

關愛自己的身心，不
再去勉強自己支撐
下去。

關鍵字 Keywords

☑ 呵護、關懷。

當我們懂得溫柔地對待自己時，便是在鬆懈下那個
「武裝」的自己。

每天多花一點時間在自己身上，問問內心的感覺，
聽聽心中的想法。多關懷自己一點，了解自己的身
體多一些。

我們常常因為生活、工作，忙得沒有時間去關心自
己。而當我們發現身體、心靈出問題時，也都已經
太慢了。過累的身體、過多的情緒，全都在亮紅燈。

嘗試每天感受一下自己的狀態、需求。適時的給予
關懷、呵護，讓身心的需求，都可以得到照應。

給自己的小練習

每天都呵護自己，關心身體與心情。

我給自己按摩了嗎？
我感受身體哪有酸痛嗎？

Loving dearly

LOVE 52 · 疼愛自己

心，已經太累了
一切都叫人疲乏

照顧好身體，擁有足夠的休息，才是愛護自己。

關鍵字 Keywords
☑ 關愛、愛惜。

讓自己好好休息，就是愛自己的方式。

當我們感到倦怠、疲累時，就找方式好好呵護、愛護自己。

生活中常常會有很多人、事，讓我們應付得身心俱疲。每天為了把這些事情做好，自己都沒有時間去關愛自己、感受身心的感覺。

再忙也要找出時間感受、愛護身體與心靈。滿足內心的需要，讓自己可以感受到關愛的感覺。

給自己的小練習

關愛自己，與身邊每一位需要被照顧的人。
用心呵護自己、照顧他人。

我做了愛自己的事了嗎？
我有聆聽身體的訊息嗎？

LOVE 53・安靜休息

每天忙個不停
已經累到不行
但還是做不完…

休息，是為了可以在
更好的狀態，重新再
開始。

關鍵字 Keywords
☑ 停止、休息。

適時地停止，我們可以更清楚，下一步怎麼做最好。

停止，不代表要放棄，而是停下來，靜一靜、想一想，目前的狀態是不是適合自己。

很多時候，我們只因為想完成一些事，便讓自己忙得無法休息，整天處於焦慮、慌張的狀態。也不敢稍微暫停想一想，只害怕因為一時沒注意，事情就不能好好完成。

嘗試給自己一點喘息的時間，再忙，也得有精神與體力，才能完成工作。稍微的休息，不是偷懶，也不是不負責。只要對事情盡力，對自己用心，那就夠了。

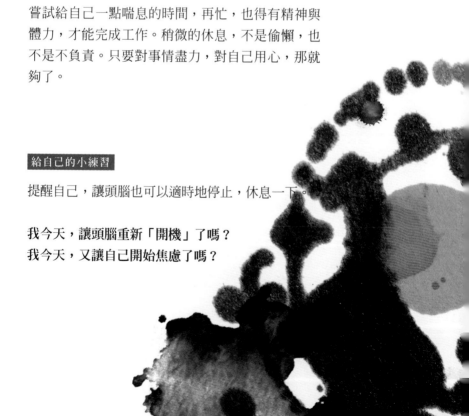

給自己的小練習

提醒自己，讓頭腦也可以適時地停止，休息一下。

我今天，讓頭腦重新「開機」了嗎？
我今天，又讓自己開始焦慮了嗎？

LOVE 54 · 暫停一下

只想要離開
無法再逼自己

繼續下去…

當無法再繼續時，那就讓自己停一下，緩一緩。

關鍵字 Keywords
☑ 暫緩、歇息。

136

當我們休息足夠時，我們就可以再出發。

心累了，就讓自己靜一靜。身體累了，就好好休息一下。

人生的旅途上，總是會遇到一些無奈、委屈、一點都使不上力的事情。很多時候，我們只能盡力，做能力做得到的，其他的，就留給時間去慢慢轉化。

做一個懂得照顧自己的人，適時的停一下，好好休養、療癒。

給自己的小練習

適時的讓自己停一下，補充體力，才能再出發。

我有適時給自己休息嗎？
我有給自己喘一口氣嗎？

LOVE 55・療癒傷痛

過了好久
還是放不下

之前的傷痛⋯

療癒是需要時間的，
耐心陪伴自己，修復
過去的一切。

關鍵字 Keywords
☑ 放掉、修復。

善用時間來療癒，讓我們將過去的傷痛慢慢釋放。

時間，是最好的療癒師。時間可以讓我們放下很多心中放不下的人、事，也可以幫助我們修復很多的傷痛。

在生命的歷程中，我們難免會經歷傷痛、不願意見到發生的事、觸動我們內心的人。不論過程如何，有時候，留在心中的記憶、覺受，是很難放掉的，也常常刺痛我們的心。

但是，過去的，都已經過去了。不管結果如何，我們都得活在當下。做此刻能做到的，其他的，留給時間慢慢療癒。

給自己的小練習

用心去過每一天，讓過去的隨時間消逝，讓傷痛都得到療癒。

我有留時間給自己嗎？
我可以再放掉多一點不需要的情緒嗎？

LOVE 56 · 輕鬆悠閒

腦子裡的事情
不停地轉

都不知道如何可以停下來…

放鬆不是一件容易
的事，但只要我們願
意，心情就可以開始
緩和了。

關鍵字 Keywords

☑ 輕鬆、緩和。

學習去停下手邊的工作，歇息一下再繼續。

放鬆，是我們都很想要的，但是又常常無法真的做到。關鍵在於：我們肯不肯「讓」自己放鬆呢？

很多時候，我們都逼迫自己一定要先做完某些事，才讓自己停下來、喘口氣。但是，事情卻是沒有做完的一天，也因此，我們都沒有好好休息的機會。

對自己好一點，適時的休息一下。照顧身體不同時候的需求，呵護自己需要休息的心靈。

提醒自己，很多事並沒有急迫性，不用馬上完成。喘口氣，休息後，再出發。

我嘗試讓自己放鬆了嗎？
我今天讓自己喘口氣了嗎？

LOVE 57 · 關切身體

覺得很難再支撐下去
目前面對的一切

都太大壓力了…

懂得去關心身體的
變化時，我們才是開
始關愛自己。

關鍵字 Keywords
☑ 聆聽、關心。

學習去聆聽、感受身體的訊息，因為自己是重要的。

學習聆聽自己身體的訊息、內心的覺受，多花點時間來關懷自己。

我們常常因為應付生活的忙碌，而忽略了身體給予的訊息。往往忙著外界的事情，錯過了訊息的警示。直到身體真的出了問題，才開始擔憂。

每天花一點點時間，關心身體、關懷內心。陪伴我們一輩子的，就是我們的身與心。

給自己的小練習

聆聽自己內心、身體的每一個訊息，回應身心的每個需求。

我聆聽自己的內心了嗎？
我感覺自己身體的訊息了嗎？

LOVE 58 · 暫停休息

目前的一切都很混亂 很迷惑、無助

足夠的休息，可以讓 我們找回好的精神、 新的想法。

關鍵字 Keywords
☑ 恢復、滿足。

好好休息之後，很多事情變得更容易來面對。

心情低落時，就讓自己停下來休息，轉移自己的注意力，做可以放鬆的事。

很多時候，生活裡遇到的問題，會讓我們迷茫、不知所措。也因為內心一直擔憂，心情也會一直處於灰暗的狀態。

提醒自己，很多事，不一定要這一刻就找到答案、馬上解決。喘口氣、平靜心情，恢復精神、能量後，再用新的心態來面對、處理。

給自己的小練習

不論遇到什麼挫折，先睡一覺後，放下一切，再重新開始。

我感覺到不能接受嗎？
我覺得很迷茫嗎？

FAMILY & HOME

家庭·親情

懂得愛自己，
更明白如何與親愛的家人相處。

LOVE 59 · 聆聽內心

都沒人聽我想說的
也不知道怎麼去

表達自己⋯

內心的想法，需要適時地幫自己表達出來。

關鍵字 Keywords

☑ 想法、感受。

愛自己，就好好為自己表達。

為自己表達，是呵護自己很重要的一部分。表達內心的覺受，表達出真正的想法。

太多時候，我們因為環境的影響、或是身邊沒有聆聽自己的人，就把內心的想法、聲音都收藏起來。漸漸地，內心真正的感覺也不清楚了。

嘗試找機會為自己去表達，不一定要有人來聆聽，我們可以找方式，先聽聽內心想要表達的。用心與時間，先學會感受內在的聲音。

勇敢的說出想法，不要壓抑自己。

我把自己的感覺說出來了嗎？
我有聽聽自己的想法嗎？

LOVE 60．我是唯一

不知道該怎麼去做好
不管怎麼做

大家都有意見…

不需要遷就別人的
說法，認真做自己。

關鍵字 Keywords
☑學習、關注。

當我們把專注力放到內心時，外界的意見就不是那麼煩人了。

學習愛自己，從不去理會他人的想法、說法、做法開始。

太多時候，我們因為別人的意見、觀點，讓自己對想做的事，一直不敢開始。常常也因為顧慮別人的講法，我們不能真正在生活中表達自己。

人生的時間不是很長，把握時間做內心想做的，為自己去過真實人生。從生活的每一刻，學習愛惜、照顧自己的需要。

活出自己的獨特性，不用去理會別人的看法。

我還在理會別人的想法嗎？
我有關注自己的意見嗎？

Open your heart

LOVE 61‧開啟內心

真是不懂
為什麼他老是這樣

都只是為自己…

真心付出，是幫助自
己打開心的關鍵。

關鍵字 Keywords
☑ 付出、體驗。

打開自己的心並不容易，但是我們可以每天做一點
點。

用心感受，身邊真心為自己付出、陪伴自己的人。

很多時候，我們在關係中，都在等待對方的付出，
或是做著迎合期待的事。往往也因為太多考量、擔
憂，反而不太敢付出，只期待身邊的人對自己好。

嘗試打開內心，直接付出關愛、情感。當我們真正
開始付出時，我們才可以開始體驗到他人的關愛、
用心。

勇敢地打開自己的心，要跟身旁的人，真心相處、
相愛。

我有用心去感受身邊的人嗎？
我讓自己去付出了嗎？

LOVE 62 · 讚賞自己

都盡了最大力量了
什麼都沒有好轉

不知道還能怎麼樣⋯

盡力了，就足夠了，
不要讓自己被責任
壓迫。

關鍵字 Keywords
☑疼惜、珍視。

讚賞，可以讓我們更有動力，面對周遭的一切問題。

學習愛自己多一點。多一點疼惜，少一點自責。

很多時候，我們會因為想付出、負責，把太多責任放到身上。當問題發生時，我們常常會過分自責，讓自己更難受。

對自己好一點，多讚賞付出的努力，肯定自己的用心。責罵、怪罪，對問題都沒有幫助。唯有讓自己心情寬坦，才能找出解決方式。

重視自己，經常讚揚自己，給自己多一點信心、動力。

我又責怪自己了嗎？
我給自己太大壓力了嗎？

LOVE 63 · 找到快樂

努力了半天
不見任何結果

也得不到任何人的關愛⋯

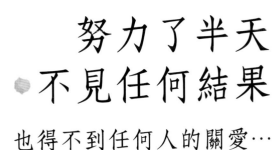

不去框住自己的心，
讓感覺可以自由，找
到幸福。

關鍵字 Keywords
☑幸福、快樂。

幸福、快樂，是自己帶給自己的，打開內心，去感
受歡樂。

幸福，是自己找的。快樂，也是自己擁有的。不要
因為別人的行為，讓生活上的幸福與快樂也沒有了。

我們無法控制別人的行為、習性、想法，但是我們
可以追求心中想要的。不要因為要遷就別人，而委
屈了自己。找方式來愛護、呵護自己，不用「等」
別人來關愛。

別人不會因為我們努力地為他們付出，就一定會回
饋相對的關愛與付出。嘗試主動為自己付出，明白
自己是值得被疼愛的，而第一個疼愛自己的，就是
自己。

給自己的小練習

快樂的去過想要的日子，不用去理會其他人的看法，
只為自己找到幸福。

我讓自己感覺到幸福了嗎？
我讓心「自由」了嗎？

好想要關愛跟幫助
但又害怕會依賴

能夠接受別人的付出時，我們才開始懂得打開自己的心。

關鍵字 Keywords
☑ 接受、關愛。

當我們打開內心時，才能接收到愛的感覺。

嘗試接受身邊真正想要關心、幫助自己的人。

我們常常因為熟悉或害怕，將真正關愛自己的人往外推，不肯讓他們幫助。卻又經常往別處找尋可以對自己好、給予幫忙的人。

慢慢打開內心，用心去感覺真正對自己用心的人。不要把得到的關懷，當成理所當然，反而一直在別的地方尋找溫暖。珍惜肯用真心對待我們的人。

給自己的小練習

懂得去接受自己與身邊的人，才能知道怎麼去關愛別人，也被關愛。

我讓自己去接受他人的幫忙了嗎？
我有感受到別人的用心嗎？

LOVE 65 · 感受生活

每天都太忙、太亂
都不清楚在做什麼

或生活中發生什麼事了⋯

生活其實充滿很多
驚喜，當我們用心體
驗就能發現。

關鍵字 Keywords
☑ 體驗、感受。

用心感受每天的生活，珍視寶貴的時間。

用心去體驗生活的每一刻，因為過去的每一分、每一秒，都不會再重複。

很多時候，我們因為生活上的不愉快，久久走不出負面情緒。也有太多的時候，我們讓這些情緒，對自己與身邊的人，造成很多負面的影響。

提醒自己，時間過得很快，把生活重心放在值得感受到歡喜、開心的事，不要因為其他人的影響，反而忘記生活的重點。

給自己的小練習

每天用不同的方式，去感受自己的生活，也把這些點滴，與周邊的朋友分享。

我有用心去體驗生活嗎？
我有把重心放在自己身上嗎？

LOVE 66 · 自我肯定

常覺得無助
總是得獲得別人的認同

才擁有自信⋯

我們的價值，由自己
來定義，不用去等其
他人。

關鍵字 Keywords
☑ 內在、認同。

經常認同自己，我們會越來越瞭解內心所要的。

認真去做自己，接受自己的全部，過想要的人生。

有時候，我們太依賴別人的認同，以此才能找到自我的價值、存在的意義。在這過程中，我們忘記了真實的自己，而扮演起另一個人。

好好去聆聽、感受我們的內在，勇敢做回真實的自己，過著覺得舒服的生活。

認真過每天的生活，清楚明白生活的需要。不用依附他人的意見來做決定。

我有認同自己嗎？
我肯定了自己嗎？

LOVE 67 · 不再傷痛

想起過去
傷痛總是依舊

好難受，好心痛⋯

讓流下的淚水，隨著
傷痛一起流逝。

關鍵字 Keywords
☑ 過去、沖淡。

當我們將過去的傷痛放下時，我們就準備好全新的開始。

把過去的傷痛留給過去。把握現在，好好珍惜目前擁有的，努力去爭取自己想要的。

人生的歷程，不免有挫折、痛苦。從小時候的成長經驗，到長大後的工作、家庭，我們都會經歷很多委屈、難過。這些困難、挑戰，都是人生中不可避免的。但是，從這些經驗裡，我們可以學會找到自我，與內心的需要。

因為知道哪些人、事，會讓自己不舒服，我們便可以找到覺得舒服、開心的方式。不要再執著於過去的痛，讓時間把一切沖淡。把握現在，開始找方法來讓自己好過。

給自己的小練習

在最痛苦的時候，陪著自己，用淚水把傷痛全部釋放。

我還感到難過嗎？
我還有未流完的淚水嗎？

LOVE 68 · 自我價值

不管怎麼做
都好像不夠好

都得不到認同⋯

不用為了長輩的肯
定，就害怕去行動、
表達。

關鍵字 Keywords
☑ 自我、價值。

人生的價值，由自己來肯定，不等別人來認同。

自己認同自己就夠了。找出自我價值，朝著目標努力生活，不需要去等待別人來認同。

很多時候，我們的努力，只是在等他人來對我們認可。當等不到這種「認同」時，又會感到挫折、灰心。同時也讓自己每天忙得沒了方向，不知道在為什麼而忙碌。

找出人生的價值，努力去完成覺得有意義的事情，這樣子就夠了。我們不需要外界的認同，才能感受到自己的「價值」與「存在感」。

給自己的小練習

尊重自己的看法、感想，不用因為面對長輩，就讓自己害怕表達。

我為自己定位了嗎？
我今天肯定自己的存在了嗎？

LOVE 69 · 平息混亂

已經那麼努力了 怎麼還是

沒有期待的結果…

用心盡力去做就好，
不要讓期待造成自
己的失落。

關鍵字 Keywords
☑ 舒服、靜心。

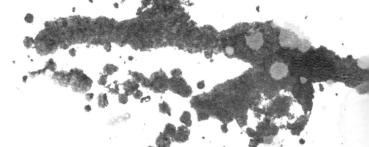

經常獨自走走，慌亂的心思也可以慢慢平靜。

讓自己靜一下，梳理煩亂的思緒，安定慌亂的心思。
不要被焦慮、恐懼嚇到，反而失去生活的重心。

很多時候，當我們太努力想要「期待」的事情完成，
以致變得太忙碌，也把身邊的人一起帶入忙亂之中。
或許，本來可以一步一步完成的事情，因為太忙、
混亂、情緒不穩，造成事情不但沒能好好完成，也
讓身邊的人受到傷害。

提醒自己，不需要太用力，逼迫自己要馬上完成任
何事。做好當下可以做的事就好了，讓自己跟身邊
的人都舒服一些，大家也能夠更珍惜共有的時光。

給自己的小練習

每天靜心、平穩呼吸，安定慌亂的心情，撫平內心
的焦躁。

我跟自己好好相處了嗎？
我整理了自己的思緒了嗎？

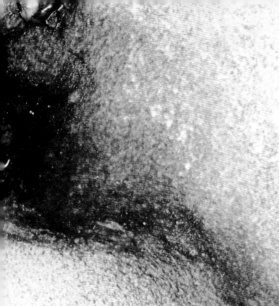

SOCIAL &
NETWORK

人際·關係

因為愛自己，
所以不會讓自己在人群中迷失。

LOVE 70・平衡關係

都已經盡量配合了
還要怎樣

委屈，是因為我們又
勉強了自己，去做不
願意的事。

關鍵字 Keywords

☑ 關係、融合。

眞實面對自己的感受，不再讓自己感到任何委屈。

不要爲難自己，也別勉強自己去迎合身邊的環境和
人事物。

很多時候，我們爲了努力「融入」身邊的團體，常
常會太委屈自己，勉強去改變，讓自己可以跟他人
一樣。

其實，眞實面對當下的感受，面對內心的覺受，才
能不感到委屈。適時的畫好底線，讓內心可以再次
自由呼吸。

給自己的小練習

不論環境如何改變、他人如何對待，自己依舊可以
不違背內心感受，面對外界。

我面對其他人時，內心覺得舒服嗎？
我今天有勉強自己嗎？

LOVE 71 · 真實心意

很多情緒、想法
都無法表達
只能壓抑自己的感受…

把精力都放在身上時，就沒有時間去理會外界的事了。

關鍵字 Keywords
☑ 深層、意義。

當我們專注在內心時，外面的問題也不再重要了。

不用去理會太多的閒言閒語，只需要用心聆聽內心
真正的聲音，這樣就足夠了。

每個人對不同的事情，都有不同的意見與看法，我
們無法遵照每個人的意見做事，也無法每次都顧慮
到其他人的感受。畢竟，感受也是分秒變化的。如
果一直照顧身邊人時刻變化不停的感受時，那我們
將無法完成任何事情。

常常停下來，問問自己，此刻需要的是什麼？想要
的是什麼？用心來聽內在的聲音，才是對自己最有
意義的。

只需要關懷內在的感受，不去理會外界的是是非非。
過好自己的生活就好，別人的事，留給他們去學習、
解決。

我有好好聽自己內心的意見嗎？
我又勉強自己去跟從別人的意見了嗎？

LOVE 72・舒服無憂

很疲憊、厭倦
一直被逼著
照著別人的方式做事…

當我們不再照著別人的方式運作，就可以開始找到內心的自由。

關鍵字 Keywords
☑ 自在、無憂。

學習關愛自己，用覺得舒服的方式來過生活。

幫自己跳出來，不要再陷入別人的「遊戲規則」裡。

很多時候，我們遵循著其他人的規則生活、工作，甚至面對情感。但也因為這些限制，經常感到挫折、無奈。

不要因為要「融入」環境，就逼迫自己，用別人的方式過生活。世界很大，找出舒服的方式，我們可以更有動力過想要的生活。

懂得關愛自己，不去勉強自己照別人的方式過生活。

我又陷入別人的規則了嗎？
我又逼迫自己融入別人的圈子嗎？

已經很用力去相處了
為什麼還是

那麼困難⋯

不必勉強自己，不需
要用別人的標準來
過生活。

關鍵字 Keywords
☑ 獨特、唯一。

當我們可以忠於內心的感受時,我們也可以自在的,用自己的方式過生活。

提醒自己,不用刻意去勉強維持一個「和平共處」的狀態,只因為擔心其他人的看法與反應,這樣子會太辛苦了。

我們每個人都有自己的特質、個性,如果太壓抑自己,勉強跟其他人相處時,內心是會不舒服的。每天不自在、不能用自己的方式去面對外面的世界時,我們的心,也容易處在一個不能安定的狀態。

跟隨內心感受來表達自己。將自己的特質,可以舒服地展現出來。告訴自己是獨一無二的,不需要迎合其他人的標準來生活。

懂得如何與人互動,但又不失去自己的本質、特色。

我有壓抑自己的感受嗎?
我有用獨特的方式來愛自己嗎?

LOVE 74 · 自我尊重

感受都不曾被在乎過
也忘了
自己真正的感覺了…

我們因為懂得尊重
自己，就不再勉強自
己去委屈遷就。

關鍵字 Keywords
☑ 尊重、相互。

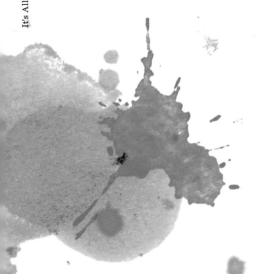

好的互動，都是從尊重自己開始。

尊重，不一定是容易做到的，但可以從尊重內心覺
受、想法開始。

很多時候，在生活上、工作上或關係中，感到不被
尊重。但，我們是不是也常常沒有尊重過「自己」
呢？經常遷就他人，我們有真正善待自己嗎？

當可以面對真實的感受、聆聽內在的聲音時，才是
開始「尊重」自己。而當我們尊重自己時，也可以
比較舒適的與他人相互尊重。

給自己的小練習

清楚明白自己的底線在哪，也明白如何去尊重其他
人。

我讓自己感覺到被尊重了嗎？
我有好好對待自己嗎？

身心都俱疲
但也沒有人來關懷

身邊也沒真心陪伴的人⋯

愛自己，就要懂得去
陪伴、關愛自己。

關鍵字 Keywords
☑ 用心、關愛。

用有限的時間，來讓自己舒服，關懷值得關愛的人。

學習陪伴、關愛、珍惜自己。

很多時候，生活上會出現很多困難，不論在工作上、關係上，都會覺得受挫、無奈。這種情況發生時，身邊經常沒有可以陪伴自己的人，我們會覺得非常的孤獨、傷心。

做自己最好的傾聽者。學習聆聽內心的感受，找方法陪伴自己度過每個苦悶的日子。我們是最懂得呵護自己的那個人。

給自己的小練習

每天用心關愛、陪伴自己與身邊的人。

我把時間花在讓自己舒服的地方嗎？
我還在意著，讓自己不開心的事情嗎？

LOVE 76 · 適時停止

覺得好無力
用盡了辦法
也沒什麼幫助…

適時地補充能量，而
不是一昧地耗盡自
己，對外付出。

關鍵字 Keywords
☑ 關愛、滿足。

先關愛自己的需求，滿足需要之後，我們會有更多能量，幫助身邊的人。

當我們對外界的人、事，已經感到疲乏、無奈時，那麼只專注在自己就好了，滿足內心所想要、需要的就夠了。

很多時候，我們嘗試努力要幫助身邊人或事，但是往往都不是那麼容易。雖然我們想盡心幫忙，但是他人未必肯接受，而這樣的無奈與挫折，經常讓我們感到疲乏、厭倦、心灰。

既然是尚未可以協助的時候，這個時間點也無法造成任何改變，不如將專注力放在自己的所需上。與其一直想要幫忙，卻沒有施力點，那麼我們先給予自己滿滿的付出。

給自己的小練習

為身邊人不斷付出的同時，也要知道給自己滿滿的關愛。

我幫自己補充能量了嗎？
我讓自己好好吃一餐了嗎？

LOVE 77 · 個人空間

非常厭煩
每天都有好多事、好多的人
要應付…

給自己多一點空間、
時間休息,看看外面
的世界。

關鍵字 Keywords
☑ 時間、空間。

嘗試每天給自己一點時間，看看遠處，把心再次打開。

幫自己找到空間與時間，不要把時間全部都給了出去，讓自己的空間被外面的人、事佔滿了。

忙碌的生活中，我們為了應付外在的人、事，經常忙得連喘息的時間都沒有。除了體力的透支外，內心也容易處於疲倦。

雖然每天都有做不完的事，但是提醒自己，找時間休息一下，看看遠處、望望天空。生活中還是有很多驚喜、色彩，等待我們去發現。

給自己的小練習

懂得生活的品質，也知道如何去保有自己的空間與時間。

我有讓自己望遠一點嗎？
我有讓自己感受到陽光嗎？

LOVE 78 · 活在當下

好難放掉
過去發生的事

好難讓自己前進…

發生的事，都是幫助我們成長的經驗，不要被過去絆住。

關鍵字 Keywords
☑ 釋懷、重生。

放下過去，我們才能讓自己重新開始。

當我們可以釋懷過去的事，我們就可以找到一個新的開始。一個新的方向、新的方法，過新的人生。

太多時候，過去發生的事、放不下的人，讓我們內心一直很糾結。即使已經過了很多年，我們依舊不斷地提起這些人、事，不停的在「過去」重複打轉。

提醒自己，過去的，就過去了。適時的抒發、宣洩，是必要的。但是也需要找到一個新的開始。人生是自己的，要用快樂、開心的方式去過。

給自己的小練習

經常把頭仰高，望著遠處，告訴自己，每一刻都是新的開始。

我有幫自己舒緩脖子嗎？
我有面對自己當下的生活嗎？

LOVE 79・生活方式

生活都只有辛苦、委屈
沒有一點舒服、快樂

愛惜自己多一點，多
點享受，少些委屈。

關鍵字 Keywords

☑ 愛惜、享受。

當我們懂得享受生活時，小確幸也就跟著出現了。

幫自己找到想要的生活方式，好好生活、過日子。

生活上，常常有不如意的事情發生，身邊的人、事，往往也不是我們可以控制的。縱使想要幫忙「改善」，也未必可以真的做到太多。

學習愛惜自己，找回生活裡的小確幸。好好享受每一天的生活，發現生活裡的小驚喜。

在生活中，找出不同的驚喜，給自己跟身邊的每一個人。

我有幫自己找到一點小確幸嗎？
我有讓自己去享受了嗎？

LOVE 80・個人存在

感覺好亂、好困惑 不知道自己的價值

在哪裡⋯

需要存在感，不用從外界找，而是由內心來賦予自己。

關鍵字 Keywords

☑ 賦予、價值。

當我們肯定自己內在時，自我的價值也可以提升。

賦予自己應有的價值。我們的價值、存在，是自己給予的。肯定自己，不用藉著其他人的看法來生活。

我們常常需要別人的認同、肯定，來確認自己的生活價值、存在感覺。其實，該給認同、肯定的，都是自己。我們的信心，也應該是自己給予的，不要讓別人的看法、條件，來左右了生存的價值。

當我們太依賴別人的意見時，就會迷失了自我。沒有人比我們更了解自己，也沒有人比我們更清楚自身的需要。別讓他人的價值觀，影響內心對自己的肯定。

給自己的小練習

累積的人生智慧，可以幫助肯定自己的價值、內心的看法。

我肯定自己的價值嗎？
我用自己的方式生活了嗎？

LOVE 81・活出自己

做不了自己
好難不去在意

別人的說法、看法…

活出心中所相信的，
真正的自己。

關鍵字 Keywords
☑ 投入、所信。

將精力都投入在信念中時，我們便可以開始不在意別人的眼光。

提醒自己，人生是自己的，不需要花時間去證明其他人的觀點是「不對的」，也不需要浪費精力去證實別人說的不正確。

太多時候，我們因為太在意他人的想法、看法，而迷失了自己。也常常因為內心不同意他人的意見、說法時，便花許多時間嘗試證明他們不是對的。

與其要花這麼多精力去證實別人的「不對」，不如把精神投入在證實自己的想法，努力去實現心中的看法，為自我的人生來努力。

給自己的小練習

深信內心的信念，不被他人的意見左右，認真做自己。

我有為自己去投入想做的事情嗎？
我有幫自己去找出幸福的感覺嗎？

LOVE 82 · 美好關係

不要一直逼迫我了
已經這麼讓步了
還要怎麼樣…

良好的關係，往往建
立在舒適的距離上。

關鍵字 Keywords
☑ 距離、健康。

保持良好距離，和身邊人的互動將會更美好。

距離，可以讓人與人之間的關係變得美好。當我們與他人之間，保持適當的舒適距離，將比較容易維持彼此良好的關係。

很多時候，因為遷就對方，忘了底線，讓自己在關係裡委屈、受傷了。有時，我們又因為逃避，把距離拉得太遠，疏遠了雙方的情感。

嘗試去感受讓自己舒服的範圍，畫好底線，保持與他人之間的舒適距離。

給自己的小練習

懂得如何與大家良好的相處，也明白人與人之間的距離，是重要的。

我今天幫自己量好舒適的距離了嗎？
我今天為自己畫好底線了嗎？

LOVE 83 · 真誠面對

為什麼
別人都可以任意妄為
我卻什麼都不可以…

不必理會他人的做
法，只專注在自己的
需要上，就可以了。

關鍵字 Keywords
☑ 內心、需求。

學習滿足自己的需要，不跟別人計較，也是愛自己的一個方式。

和平共處，雖然是個理想，但是我們每天都可以嘗試為自己努力。與身邊的人、事和諧共處，然後找到心中的平和。

生活中、工作上，大家各取所需，滿足需要的部分即可。但是，當有人只准自己要、別人都不可以「分享」時，這種外在的爭鬥引起內心的許多計較，都會擾亂自己的心。

給自己設定滿足了需要就好。別人的事，我們無法管。他人的想法，也無法控制。不是一切都照著自己規則來運轉時才是好的。這時不妨打開內心，看看上天給我們「最美好的安排」。

給自己的小練習

敞開自己的內心，真實面對自己的情緒、需要。

我感受到內心平和的感覺了嗎？
我有老實面對自己的情緒嗎？

LOVE 84 · 自己作主

總是要依照
別人的決定來做

內心，真的很厭倦這種控制了…

做內心的主人，為自
己做每一個決定。

關鍵字 Keywords
☑ 自主、抉擇。

當我們的心可以感受到自由時，我們就不再被外在環境受限了。

外面的世界很大，不用為生活中煩心的人或事，感到不開心、感覺被綁住。

生活上有很多事情、或身邊的人，常常讓我們覺得受困，無法自由的做決定、選擇。也經常因為這些阻礙，覺得「被迫」做一些不想做的事情。

其實，當我們願意聆聽內心時，就會有作主的時候。用心感受內在的需要，我們會明白如何為自己做選擇。

給自己的小練習

自己的心，不去受到任何規則、情況所控制。

我的心被綁住了嗎？
我能給自己自由作主嗎？

LOVE 85・勇敢去愛

真的想開始踏出時
又會害怕擔憂了

愛自己，就大膽無畏
的爭取、投入內心想
要的。

關鍵字 Keywords
☑勇敢、無畏。

當我們努力去投入覺得值得的事時，我們會開始找
到幸福的感覺。

當我們找到值得愛的人、努力的事時，那就讓自己
去全心投入。

生活中，有太多事情感到辛苦，也經常有很多「人」
的問題，讓自己覺得委屈、難受。人生的時間沒有
很長，不需要將時間花費在那些不開心的人、事上
面。

為自己去努力爭取覺得值得的事。把每一天的時光，
都為自己付出，找出生活裡的幸福、快樂。

給自己的小練習

清楚明白什麼對自己來說是值得的，那麼就可以無
畏的去追求。

我為自己大膽投入了嗎？
我把時間放在值得的事情上嗎？

WORK & LIFESTYLE

工作·生活

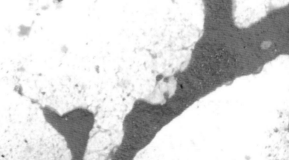

因為愛自己，
更清楚在工作中，如何讓自己舒服。

LOVE 86 · 喘一口氣

背負太多的責任
有種喘不過氣的感覺

用現有的精力，為責任盡力，但不過分勉強自己。

關鍵字 Keywords
☑ 轉換、想法。

盡力做好自己能做的，那就夠了。

別讓「責任」綁得透不過氣，我們都有應該背負的
事情，但是也要配合自己的狀態量力而為。

經常問問自己，目前的狀態是否可以應付這麼多的
任務、問題。如果體力、精神都已經疲乏了，那就
先把一些事情放下，給自己喘口氣，休息一下。

沒有一定取代不了的人，事情也沒有做完的一天。
當不再適任時，那就轉換一下，改做其他事，也給
他人機會。

給自己的小練習

盡責是很好的事，但是提醒自己，盡力就可以了，
不用去過分勉強。

我盡了該負的責任了嗎？
我又因為責任，讓自己壓力增加了嗎？

LOVE 87 · 溫柔對待

無法再面對
處理不完的事情

善待自己，不去逼
迫、勉強自己，我們
可以更從容地面對
一切。

關鍵字 Keywords
☑ 安定、沉穩。

當進入安定的狀態時，我們更容易找到問題的解決方法。

生活，總是充滿做不完的工作、解決不完的問題。提醒自己，用多一點時間、多點耐心，陪自己渡過。

很多時候，身邊發生的事情、出現的問題，我們都無法馬上找到解決的方案。也常常因為這樣，弄得自己身心疲憊、煩惱不已。

既然不能很快有解決的辦法，那就對自己好一點，不需要急於這一刻就要找到辦法，處理這些事情。讓時間將內心平靜下來，再找出其他解決方法。

給自己的小練習

嘗試讓自己平靜下來，用從容不迫的態度，面對、解決每一件事。

我讓自己沉澱一下了嗎？
我能讓自己安靜一下嗎？

LOVE 88．讚賞自己

怎麼做
好像都不夠好
無法符合大家的標準…

多給自己鼓勵，信心
充足時，可以做得更
好。

關鍵字 Keywords

☑ 鼓勵、讚揚。

當我們給自己足夠的鼓勵時，內心自然就升起了信心、喜悅。

讚賞自己完成的每一件事。多一點鼓勵、多一點認同。

太多時候，我們只「習慣」看到自己做得不夠好的地方，總是覺得不夠努力。往往還是需要別人的認同，我們才能肯定自己。

嘗試多一點自我的肯定。告訴自己，我們是很棒的，做得很好。自身的好，不用等別人來認同。每一天都為自己做出肯定、鼓勵！

多鼓勵、肯定自己的能力，讓生活多點正能量。

我鼓勵自己了嗎？
我又在等待別人的認同嗎？

厭倦總是被不公平對待覺得沒有公理

沒有意義⋯

公平，總是難以達到。內心的平靜，比追求公平更重要。

關鍵字 Keywords
☑ 公平、感受。

如果我們可以找到內心的平靜，公不公平，也不再
是問題了。

合作、關係，都是不容易的。人與人的頻繁互動時，
常會迷失了自我，也受到委屈。

在生活中、工作上、感情裡，時常需要面對不同的
關係、合作。但也因為大家的生活背景不同，很多
時候會有誤解，或是摩擦，甚至有「不公平」的現
象。

花點時間問問自己的感受，感覺內心在這些情況裡，
需要些什麼？這樣可以讓自己的心平靜一些，找出
新的感覺、方式，再次面對不可避免的合作、關係。

給自己的小練習

學習從不同角度分析事情，會發現更多的看法、觀
點。

我強迫自己去合作嗎？
我有感受到不公平嗎？

LOVE 90・回遇本心

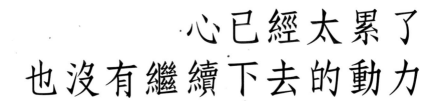

心已經太累了
也沒有繼續下去的動力

也不知道如何才是好⋯

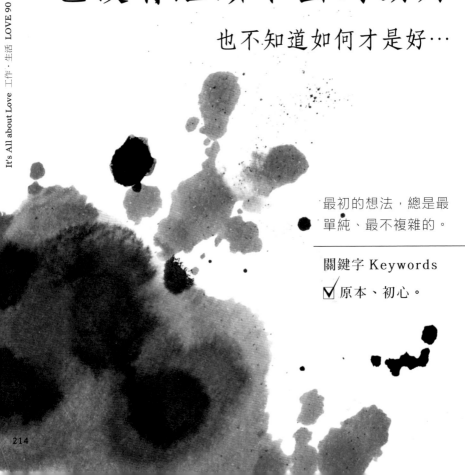

最初的想法，總是最
單純、最不複雜的。

關鍵字 Keywords

☑原本、初心。

回到最初、最原本的想法時，很多複雜的事都會變成簡單。

經常提醒自己，回到初心。最初懷抱的那個理念、那顆心。

當我們投入工作、家庭、感情時，經常會受到環境、身邊的人或事影響，遇到很多阻礙、挫折。我們也常常因此感到沮喪、灰心。

重新再告訴自己，原本當初的想法、心願。再用這簡單的心情，找回動力、希望。

給自己的小練習

用耐心為自己分析、回溯，腦海深處收藏著的理念、心願。

我提醒自己，自己最初的理念了嗎？
我開始幫自己，一步步實踐最初的想法了嗎？

LOVE 91 · 站高望遠

再怎麼努力
也找不到跟人

合作、共事的方式…

不同的角度,可幫我
們放大視野,更容易
找到希望。

關鍵字 Keywords
☑ 守護、堅持。

當我們看遠一點時，很多眼前的困難，也不再是阻礙了。

看高一點、望遠一點，煩人的事情，也不會那麼困擾自己了。

我們身邊，都會出現一些人、事，逼得自己不得不勉強去配合。這個過程，是非常辛苦、委屈的。

提醒自己，一切都會過去的。在生活上，找到未來的目標，重新定義生活的意義。當我們可以看到心中想要的，雖然尚未達成，生活也會開始出現光明、希望。

給自己的小練習

用另一種高度、角度，看待這個世界，看待周遭的一切。

我換個角度看事情了嗎？
我覺得被限制住了嗎？

Freedom

LOVE 92 · 自由空間

很疲乏、很厭煩
總是有太多條件

需要滿足⋯

放掉規矩，我們的思想，可以更不被侷限。

關鍵字 Keywords

☑ 自由、無拘。

當我們思想自由時，我們也不再被他人的規範綁住。

嘗試去放過自己，不要再用「規則」困住我們的心，
不要讓內心找不到出路。

很多時候，我們對人、對事，都有一些「自己的」
規則、堅持。但是，我們也經常被這些限制給綁住、
卡死了。

試試看，放掉一些可以稍微鬆動、調整的條件。讓
自己有多一點自由，也讓對方有多一些空間。

給自己的小練習

讓思想不被世俗的規則所綁，跳出框架思考。

我用規則來綁住自己嗎？
我讓自己跳出框架了嗎？

心很煩
一直被外面的事情干擾
無法好好面對目前的感覺…

專注於當下，才可以找到此時對我們最重要的事。

關鍵字 Keywords
☑ 專注、心意。

如果我們可以關注自己多一點，就可以少一些煩惱，
因為注意力已不在煩心的事情上了。

嘗試把注意力放在自己的心、感覺，專注感受自己
真正要的是什麼。

我們常常被過往的事情困住，放不下已發生的事、
忘不了過去的人。一直跳不出過往的框架，無法重
新開始生活。

與其把注意力一直放在過去，不如嘗試去感受現在
的內心，如何才會舒適點。幫助自己把重點放在開
心的事、舒服的人。

給自己的小練習

專注於追求的目標，不被身邊發生的事情打擾。

我有關注自己的心情嗎？
我問了自己，怎麼樣會感覺舒服嗎？

LOVE 94 · 正面能量

身旁太多負面的人
太多意見、太多干涉

生活的重心，是自己
給予的，不是別人可
以干涉的。

關鍵字 Keywords
☑ 希望、生活。

不要讓自己失去生活的重心。

生活中，總是會出現覺得疲累，或厭煩的人、事。

但，不要忘了，生活是自己的，不要把別人的負面情緒，加在自己身上。

常常提醒自己，生活是自己要過的，不論他人在我們的生命中，扮演的是多麼重要的角色，我們也不需要去接受他們負面的影響。

給自己的小練習

抱持光明的態度，可以在生活中找到更多正能量。

我讓別人影響了自己嗎？
我有好好過自己的日子嗎？

LOVE 95 · 大開心胸

都不知道自己
想要什麼

覺得生活好像也沒什麼選擇…

打開自己的內心，世界很大，選擇很多。

關鍵字 Keywords
☑ 出走、看遠。

常到戶外走走，心情也將隨著每個腳步，越來越開闊。

世界很大，很多美好的事物，在不同的地方，等著我們去發現、體驗。也有很多有善緣的人，等待著我們。

不要侷限在不開心的事情，我們的世界，只有自己能打開。換個地方、換個心情，很多事情，會因為轉變，而跟著改變。

外面發生的事情，或許沒得選擇，但是內在的心情，是可以選擇調適的，找出方式，為自己做出最好的改變。

給自己的小練習

嘗試把心打開，別讓生活的瑣事，侷限了想法。

我讓自己出去走走了嗎？
我找機會接近大自然了嗎？

LOVE 96・面對一切

太多問題需要處理
已經累得

不知道怎麼面對…

心裡有底時，一切的
問題，都可以找到解
決的方式。

關鍵字 Keywords
☑方法、轉變。

當我們知道，什麼事都有轉變的機會時，我們心情便可以慢慢平靜下來。

做了最壞的打算時，不論事情如何變化，一切都是只有更好而已，因為再怎麼樣，也不會差過「最壞」了。

生活上，有很多事情是無奈、又無力的，並不是努力就可以改善的。尤其是身邊的人，更是讓我們沒有著手之處。因為親近，一切都變得更加困難了。

那麼，就做最壞的打算，之後不論事情怎麼轉變、發展，都將是好過最壞的！給自己做好這樣的準備後，內心又可以回到平靜，也能夠再找到最好的方式，來應對一切的問題。

給自己的小練習

讓心回到平靜，一切困難，都可以找到解決的方案。

我有感到無奈嗎？
我找到轉變的方法了嗎？

LOVE 97 · 努力爭取

每天都被許多事情綁住
根本無法開始

自己想做的事…

不再找藉口，努力為
自己實現理想。

關鍵字 Keywords
☑ 努力、理想。

夢想，是一步一步築起的。

爲自己，認眞、努力去追求目標、內心的想要。

太多時候，我們會找理由，不去實現心中的目標，
花時間忙著別人的事情，忽略了自己的需要。

嘗試好好善待自己，把時間用於完成追求的目標，
讓自己的生活更有價值、意義。

每天一步一步，努力實現自己的夢想。

我有去實現理想了嗎？
我給自己機會，去做自己想做的事了嗎？

LOVE 98・明白想要

好迷惘、好困惑
不知道怎麼決定

才是最好…

因為清楚了自己的
心，我們知道如何抉
擇。

關鍵字 Keywords
☑決定、選擇。

當我們眞實面對內心時，我們就可以做出最好的抉
擇。

傷心難過時，試著轉移自己的注意力，把精神放在
生活的其他部分。

生活中，免不了遇到讓自己痛心、難過的人，或是
覺得辛苦、疲憊的事。既然避免不了、已經發生了，
只好用另一種心態來面對、接受。

有時候，事情未必就是目前看到的樣子。轉移注意
力，做做其他事情，讓心情舒緩了，或許對這些人、
事的感覺，又會有所不同了。

給自己的小練習

清楚明白內心的感覺、需要，爲自己做最好的決定。

我讓自己好好做決定了嗎？
我好好面對目前的問題了嗎？

LOVE 99・獨一無二

好難融入這個社會 做真實的自己

知道自己是與眾不同的，不用勉強自己配合外界的想法。

關鍵字 Keywords
☑ 獨特、唯一。

當我們清楚認同自身的獨特性時，我們可以更輕鬆
與外面的世界，和平相處。

透過不斷瞭解自己、聆聽內心的聲音，找出獨一無
二的特質。

太多時候，我們因為太在意別人的想法、看法，我
們失去了真正的自我。也因為太努力去迎合外界的
「標準」，我們遺忘了內心真正的需求。

找方法去重新感受存在的價值，也找回生活的意義。
在每天的生活中做自己，開始感受到滿足、幸福。

給自己的小練習

對自己，充滿了信任，也明白自己內在的價值。

我有去瞭解自己嗎？
我有去「迎合」別人嗎？

CAREER & FORTUNE

事業·財富

懂得愛自己時，
我們就明白怎麼去追求自己想要的。

Dreams come true

LOVE 100·心想事成

It's All about Love 事業·財富 LOVE 100

好厭煩
一直都在忙別的事
都不是自己想做的事⋯

明白自己想追求的
目標時，就可以找回
熱情，面對每一天。

關鍵字 Keywords
☑ 追尋、理想。

當我們把目標設定好時,生活就不會太混亂了。

找方式,去追尋夢想。找方法,來完成目標。

每天一成不變的生活,容易感到厭倦、疲憊。總是
遇到重複又重複的問題,也容易覺得心累。

當我們找到熱衷的事、想完成的夢想時,我們可以
再爲生活注入動力、熱情,我們也可以有不同的心
情,來面對每天的人、事。

給自己的小練習

專心追求內心想要的,不要被其他人影響。

我讓自己投入熱衷的事情了嗎?
我爲自己追求理想了嗎?

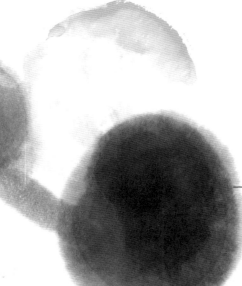

覺得被太多事情綁著
好多想做的事情

都無法去做…

我們因為有了夢想，
生活可以更充實，更
有活力。

關鍵字 Keywords
☑ 爭取、目標。

夢想，可以讓我們找到新的動力，努力去實現。

努力爭取和追求自認為值得的愛情、事業、人生。

在追求夢想時，身邊一定會出現很多聲音，很多不贊同、甚至是反對的意見。不要因為別人的意見就退縮了。

如果這是心中真正覺得想要追求的，那麼就盡心盡力去努力，完成內心所想要的。人生時間不是很長，不要因為別人的想法，讓自己將來後悔。

給自己的小練習

把心力放在夢想上，不要受到他人的干擾。

我幫自己找到理想了嗎？
我開始幫自己去追求夢想嗎？

不斷的遇到困難、阻礙
已經走不下去了

用新的心情、方式，
開創新的事業、生
活。

關鍵字 Keywords

☑ 新的、開創。

經常嘗試新的方法，便可以找到一個最適合自己的生活方式。

每天都是新的一天、新的開始，不要被「過去」綁住。

我們經常被過去的一些事困擾著，無法重新開始，認真投入生活。其實發生的事，都已經發生了，不論結果是好是壞，都已經成為過去了。

嘗試告訴自己，把注意力放在今日、明日、將來，重新開始，打造一個更舒服的生活。

給自己的小練習

經常抱有新的想法，以啟發自己與身邊的每一個人。

我有幫自己嘗試新的方式嗎？
我換了新的心情，重新開始了嗎？

LOVE 103・善用時間

浪費了好多時間、精力 在沒有用的地方

利用時間，過覺得最
舒服的日子。

關鍵字 Keywords
☑ 時間、放置。

善用有限的時間，讓生活更多采多姿。

把時間放在真正對自己好的人、或事情上。生命短暫，很多人、事，是不值得我們花費時間、精力的。

很多時候，生活中會出現感到沮喪、傷心的人或事，而我們也未必能做到任何改變。

提醒自己，這個時候，把注意力放到其他對自己有利、舒服的地方，不要讓寶貴的時間，花在不需要的地方。

給自己的小練習

好好規劃自己的時間，清楚分配每一天。

我有好好利用自己的時間嗎？
我讓自己去了適合的地方嗎？

內心的想法
似乎都沒辦法完成

心中的計畫,是每天
一點一點實現的。

關鍵字 Keywords
☑ 準備、計畫。

盡心完成計畫，就是愛自己！

每天爲自己準備，一步一步去完成心中想要的事情、計畫。

每個人心中都會有想要做的事情、想要完成的計畫。但往往因爲其他理由而未能執行，內心的計畫也就一拖再拖。

每一天用一點點時間，幫自己做一些內心眞正想要的事。慢慢累積，心中的計畫，也能逐步完成。

給自己的小練習

對自己的想法，充滿自信，勇敢的展現心中的計畫。

我讓自己看到內心的計畫了嗎？
我準備爲計畫努力嗎？

LOVE 105·持續追求

不知道這條路要怎麼繼續走下去

可以持續去堅持自己的努力時，我們會有機會實現目標的。

關鍵字 Keywords

☑ 堅持、努力。

堅持自己的信念，慢慢的努力，成功終會到來。

堅持，是達成目標的必要元素。能夠持續堅持信念，一路走下去，我們的目標，一定有達成的時候。

很多時候，想要追求的目標，並不是那麼容易達到的。一件事情的成功，總是障礙重重，還有許多人事的干擾。

但是，當決定了人生要追求的目標時，一切的阻礙都是暫時的。雖然當下是辛苦、無奈、無助的。如果能堅持下去，時機到時，我們努力追求的，將會實現。

給自己的小練習

抱著堅忍的信念，努力去追求設定的目標。

我為自己的目標堅持努力了嗎？
我為自己去實現心裡想做的事了嗎？

LOVE 106·把握機會

好像怎麼努力
成功的機會

都不會到來…

機會，是留給懂得為
自己，努力爭取、把
握的人。

關鍵字 Keywords
☑ 機會、爭取。

不斷的努力，時機到時，就可以實現夢想。

機會是要把握跟爭取的。準備好自己，機會來時，便好好把握，努力實現想要的夢想。

很多時候我們都跟自己說，如果可以怎麼樣就好了。如果有個機會，就可以發展心中的夢想了。但是，常常這個念頭，也只是想過就忘了，未能好好爲自己打算、計畫、準備。

其實，實現夢想的機會，是會出現的。而出現的時機，是在準備好的時候。所以在機會未出現時，應該要好好來充實自己，準備「登台」的一天。

給自己的小練習

不要被當下挑戰給阻礙，讓自己能夠看到更遠的目標。

我有好好幫自己把握機會嗎？
我有努力去實現計畫嗎？

Perfection

LOVE 107・盡善盡美

一直很努力
但似乎永遠達不到
完美⋯

不用嚴苛的對待自己，努力盡心去做，就是最完美的結果。

關鍵字 Keywords
☑ 完美、用心。

如果可以用心、盡力去完成，那就是真正的完美了。

完美，就是在我們用心努力後，最好的結果。真正的完美，其實就是在以為的「不完美」中。

很多時候，我們把理想設定很高、很遠，讓自己與身邊的人都常感到壓力大。或許，偶爾可以問問自己，這真的是心裡想要的嗎？

當我們可以真實的面對內心想要、需要的時候，完美，其實都不是太遙遠。嘗試用心感受生活、身邊的人，或許，我們已經在真正的「完美」之中了。

給自己的小練習

盡心盡力，做好每一件事情，但是不去苛刻自己。

我為自己盡力了嗎？
我對自己太嚴格了嗎？

LOVE 108・人生重心

不知道自己的人生
要追求什麼

到底要做什麼…

把精力都放在生活重心上，努力追求想要的生活。

關鍵字 Keywords
☑ 人生、重心。

不要把重心放到他人身上，好好為自己過日子。

把人生的重心，放在生活、工作、自己身上，追求自己想要的，過自己想要的日子。

不論在工作、生活、關係上，常常會有很多阻礙、困難，尤其開始找到對生活、工作的動力時，經常會有人或事出來困擾我們。讓原本很單純、可以順利發展的事情，突然間變得複雜、無奈，甚至把好不容易找到的夢想，再次放棄。

提醒自己，不要因為別人的影響，讓生活變得不好過。人生是自己的。我們可以選擇過得好、過得舒服。

給自己的小練習

生活的重心，是自己找給自己的，不用去擔憂其他人的想法。

我有把重心，放在自己身上嗎？
我又將別人的事，拿來困擾自己了嗎？

LOVE 109・轉換想法

怎麼努力
好像都是沒有用

怎麼做，都達不到自己想要的結果⋯

事情受阻了，就是要
我們調整方向，再繼
續努力。

關鍵字 Keywords
☑角度、看法。

當我們轉變看事情的角度時，很多新的想法、看法
都會出現。

生活中總有許多事情，無法達到預期，但也不要因
此而感到失望、難受。

想讓事情朝期待的方向發生，但是往往會有很多阻
礙，影響了事情發生的經過、結果。

既然事情不是如想法進行，那就幫幫自己，換個角
度，再重新用不同的方式，來看待生活與身邊事情
的發展。

給自己的小練習

生活，是一種享受經驗的歷程，很多事情，不用去
執著。

我幫自己換個角度看事情嗎？
我嘗試轉變看法了嗎？

想做的事情
總是會有人有意見

有人反對⋯

每個人都有自己的
意見，但不要讓別人
的想法，影響了自
己。

關鍵字 Keywords
☑ 創造、目標。

忠於自己內心，用心去追尋心中的目標。

如果這時，我們心中已有目標，那就全力以赴，完成這個目標。

若是還不知道目標是什麼時，那麼花多一點時間，聆聽自己的內心。不要讓他人的意見、想法，影響真正想要追求的。

找回生活中的重心、熱情。為自己開創內心所追求的夢想、目標。

不去限制自己，讓無限的創意，把生活變得歡樂無窮。

我今天限制了自己的創意了嗎？
我今天讓自己好好發揮了嗎？

LOVE 111 · 生活意義

很煩
別人總愛干涉我
生活好沒意思⋯

不用把精力放在別
人的想法上，努力追
求人生的價值。

關鍵字 Keywords
☑ 值得、投入。

當我們投入理想時，生活就開始有意義了。

不要讓不需要的擔憂、顧慮，驚嚇自己。

太多時候，我們太擔心別人的看法，也害怕自己的想法、做法，會被干涉、控制，無法實現自己想做的事情。

提醒自己，勇敢的爭取內心想要的，大膽追求自己的理念。不要把時間、精力，花費在無用的擔憂上。

給自己的小練習

知道什麼對自己是最有意義的，然後把生活重心，投入在那。

我找到生活的目標了嗎？
我知道應該把精力，投入在哪嗎？

LOVE 112·轉移心態

怎麼做都不能成功
覺得很失望、厭煩

改變角度、心態，很
多可能性，都將會出
現。

關鍵字 Keywords
☑轉移、改變。

當我們轉變看待問題的角度時，很多解決的方式，
就會出現了。

當我們發現很多問題不知道如何解決、突破不了，
那就告訴自己，先不要理會吧。

很多時候，遇到的問題，常常不是可以去掌控的，
也不是努力，就可以即刻解決、改善的。

善待自己，給自己呼吸和放鬆的空間。此刻無法找
到方法，那就先轉移注意力，平靜內心。

給自己的小練習

幫自己轉念，用不同的方式，來看待問題。

我覺得卡住了嗎？
我能幫自己轉變想法嗎？

好累！
總是無法順利完成目標

常常很多阻礙…

不要因為一些阻礙，
就放棄追尋的人生。

關鍵字 Keywords
☑目的、追求。

當我們清楚自己的目標時，就用力去投入。

做應該要做的，適時出現在需要的地方。人生是自己的，只有自己能負責。

很多時候，我們會因為身邊人的影響，心情會覺得沮喪，不想與他們在同一個空間。但是，當我們逃離了原本該出現的地方、逃避了原本該做的事情時，損失的，只有自己。

提醒自己，自己需要做的是什麼、真正的目的是為何！其他的人、事，都只是一時的干擾，不要讓這些，影響真正追求的目標。

給自己的小練習

每天鼓勵自己，努力去追求設定的目標。

我做了自己該做的事情嗎？
我去追求自己的目標了嗎？

LOVE 114 · 採取行動

想法總是多過行動
但是又不知道怎麼開始

唯有勇敢的踏出去
時，我們才能找到生
活的新道路。

關鍵字 Keywords
☑ 踏出、行動。

踏出第一步，也是勇敢愛自己的第一個步驟。

踏出第一步，是我們做改變的開始。給自己勇氣，勇敢的去爭取更好的生活與將來。

很多時候，我們感到生活很多無奈、無助，也不希望再這樣繼續下去。但是，又不肯做一些改變，而只是一直在抱怨對生活的不滿。

為自己走出一條新的人生道路，在生活中，找到新的熱情與動力。

給自己的小練習

一旦有想法，決定後，就勇敢踏出去第一步，追求自己的夢想。

我為自己去完成，想做的事了嗎？
我為自己的計畫，採取行動了嗎？

LOVE 115 · 和諧關係

情緒總是不受控制
好好的關係

又被破壞了…

學習調整情緒，不讓
負面情緒，打破美好
的關係。

關鍵字 Keywords
☑ 適合、平衡。

美好的關係，都是在平和的情緒下維持的。

找適合自己的方式，來調和情緒，不要讓不好的情緒，打壞了本來美好的關係或事情。

每天的生活都讓我們經歷著不同的事情，而內心的情緒，常常因為外在的因素，以及內在的轉化，有許多起伏變化。

好好正視自己的情緒、內在的需要。學習滿足內心的需求，找到調適情緒的方式。不要再讓莫名的情緒，打壞美好的安排。

給自己的小練習

懂得平衡自己的心情，維持良好的互動關係。

我讓自己在關係中，受苦了嗎？
我幫自己感受到需要的關係了嗎？

國家圖書館出版品預行編目資料

愛自己沒那麼難：115種關愛自己的呵護練習 /
JYC (Jack Yen Chen) 作 -- 二版 . -
新北市：樂思文化國際事業有限公司，2024.12
面； 公分

ISBN 978-626-99163-0-6（平裝）

1.CST：生活指導 2.CST：成功法 3.CST：色彩心理學

177.2   113015895

 愛自己 沒那麼難——115種關愛自己的呵護練習

01

作者 / JYC（Jack Yen Chen）

發行人・總編輯 / 王雅卿   執行編輯 / 王靖雅
美術編輯/ 張馨予、項苑喬   封面設計/ 張馨予、項苑喬
內頁插畫/ Henry Chiu

出版發行 / 樂思文化國際事業有限公司
地 址 / 台灣新北市234永和區永和路二段57號7樓
FaceBook / https://www.facebook.com/rise.culture.tw/
電 話 / (02)7723-1780   E-mail / riseculedit@gmail.com

總經銷 / 聯合發行股份有限公司
地 址 / 台灣新北市231新店區寶橋路235巷6弄6號2樓
電 話 / (02)2917-8022   傳 眞 / (02)2915-6275

定 價 / 新台幣450元
ISBN / 978-626-99163-0-6
二 版 / 2024年12月

Copyright © 2017 by Jack Yen Chen
Published by Rise Culture International Co., Ltd. in Taiwan in 2024.

Printed in Taiwan.

著作權所有，未經同意不得重製、轉載、翻印。
如有缺頁、破損或裝訂錯誤，請寄回本公司更換，謝謝。

115 ways to love yourself more